Norbert Lohfink

Kirchenträume

Norbert Lohfink

Kirchenträume

Reden gegen den Trend

Herder
Freiburg · Basel · Wien

FÜNFTE AUFLAGE
ALS SONDERAUSGABE

Imprimi potest. – Coloniae, 11 decembris 1981
R. D. Pfahl S.J., Praep. Prov. Germ. Sept.
Herstellung: Freiburger Graphische Betriebe 1988
ISBN 3-451-21254-4

Vorwort

„Kirchenträume" – wie bin ich zu diesem Titel gekommen? Als ich die in diesem Buch gesammelten Aufsätze und Vorträge zusammenstellte, fand ich in einem von ihnen die Formulierung: „... gewissermaßen mich Träumen überlassend, wie die Kirche eigentlich sein sollte." Und ich wußte: Ja, das habe ich in all diesen Texten getan, und das wird auch den Titel des Buchs abgeben.

Obwohl das Buch keineswegs nur von Träumen handelt. Die feste Basis von allem, was ich darin geschrieben habe, ist die Heilige Schrift des Alten und des Neuen Testaments. Ich glaube daran, daß sie das Wort Gottes enthält. Deshalb ist nichts, was in ihr zugesagt wird, nur ein Traum. Überdies habe ich drei Jahre lang in München in einem neuen Stück Kirche leben dürfen, wo für mich das, was hier als Traum erscheint, vorfindbar war. Wenn ich überhaupt die biblischen Texte richtig lesen konnte, dann hat Gott mir das durch diese Gemeinde geschenkt. So ist das Bild der Kirche, das in diesem Buch mühsam aus alten Texten und niemals veraltenden Fragen zusammengesetzt wird, eigentlich alles andere als nur ein Traum.

Trotzdem bleibt es ein Traum: Der alte, immer noch der überschäumenden Erfüllung harrende Traum von der Kirche. Gott selbst hat ihn schon vor Grundlegung der Welt geträumt. Die heiligen Heiden haben ihn geträumt, wenn sie den idealen Staat entwarfen oder andere Utopien. Israel hat ihn geträumt, und wir alle träumen ihn weiter, weil durch unser eigenes Versagen das, was ist, so sehr zurückbleibt hinter dem, was längst sein könnte, nachdem der schon unter uns gelebt hat, von dem her alles möglich ist.

Zu Beginn unseres Jahrhunderts erklärte Romano Guardini, auf den damals die wachgewordene Jugend hörte: Die Kirche erwache in den Seelen. Zur gleichen Zeit dichtete die zur Kirche konvertierte Gertrud von le Fort ihre „Hymnen an die Kirche". Die Hymnen kennt heute keiner mehr, und Guardini starb als einsamer Mensch, keine Kirche war um ihn. Sein letztes Gebet, kurz vor seinem Tod verfaßt, „Gebet in der währenden Stunde", geht das Glaubensbekenntnis entlang, doch läßt es die Kirche aus, es sei denn, sie sei in folgendem Satz gemeint: „Heiliger Geist, zu uns gesendet, weilend bei uns, wenn auch leer die Räume hallen, als seiest du fern." Wer hat das in Schuld, daß diese Hoffnung vom Anfang des Jahrhunderts auf solche Weise erstickte?

Über der Zuwendung zur Welt haben die Christen die Kirche vergessen. Es gibt heute nichts Unbekannteres als die Kirche. Und doch wäre sie der einzige Weg, auf dem der Welt wirklich geholfen werden könnte.

Die Kapitel dieses Buches gehen alle auf Vorträge zurück. Sie sind alle überarbeitet, auch die, die schon einmal veröffentlicht waren. Das Kapitel „Der Weg aus der Gewalt" schließt an einen alttestamentlichen Vortrag an, den ich in dem mit Rudolf Pesch zusammen herausgegebenen Buch „Weltgestaltung und Gewaltlosigkeit" (Patmos Verlag, Düsseldorf 1978, S. 45–61) veröffentlicht habe, und verdankt viel seinen dortigen Beiträgen. Das Kapitel „Die Enkel der Wanderapostel" ist ein Vortrag, den ich vor Mitbrüdern aus dem Jesuitenorden hielt und der auch ganz speziell auf Probleme dieses Ordens eingeht.

Ich habe in diesem Buch nicht nur von meinem Fachgebiet, dem Alten Testament, gehandelt. Vor allem habe ich mich mehrfach auf das Gebiet des Neuen Testaments gewagt. Dort verdanke ich sehr viel den häufigen Gesprächen mit meinem Bruder Gerhard. Doch bin ich selbstverständlich für alles, was ich in diesem mir nicht so vertrauten Bereich an Ungereimtheiten gesagt haben sollte, selbst verantwortlich. Ich möchte empfehlen, auch das gleichzeitig erscheinende Buch meines Bruders „Wie hat Jesus Gemeinde gewollt?“ (Verlag Herder, Freiburg i. Br. 1982) zu lesen. Ähnliche Gedanken wie diese „Kirchenträume“, aber stärker von alttestamentlichen Texten her entwickelt, enthält mein Buch „Die messianische Alternative“ (Verlag Herder, Freiburg i. Br. 1981).

Frankfurt am Main, 1. Februar 1982

Norbert Lohfink SJ

Inhalt

Die unerfüllten Prophezeiungen

An die Propheten Israels denken die Christen vor allem in der Adventszeit. Da holen sie die Prophezeiungen von ehedem aus der Schublade: die Texte von dem, der da kommen soll, und von der Herrlichkeit, die er bringen wird. Auch in den Adventsliedern sind diese Texte verarbeitet. Die alten Erwartungsmotive erleichtern es uns, auf das Weihnachtsfest hin uns in Erwartungsstimmung zu versetzen.

Aber hat das ganze nicht etwas Spielerisches an sich? Als Christ muß man doch der Meinung sein, daß die Zeit des Wartens vor etwa 2000 Jahren beendet wurde. Damals kam der Erwartete. Er hieß Jesus und stammte aus Nazaret. Er wurde nach dreijährigem Auftreten in der Öffentlichkeit von der eigenen Regierung und der Besatzungsmacht umgebracht. Aber Gott hat sich auf seine Seite gestellt und ihn von den Toten erweckt. Seitdem ist die Welt anders. Das ist die zentrale christliche Glaubensaussage. Wer sie ernst nimmt, kann kein Wartender mehr sein. Er lebt in der Zeit der Erfüllung.

Es war einmal Nacht. Aber die Sonne ist aufgegangen. Wenn es Tag geworden ist, mag man sich vielleicht noch an die Nacht erinnern, an ihr Dunkel und an die wenigen Sterne, die darin funkelten. Auch an ihre Kälte. Aber das ist nur noch Erinnerung. Es ist nicht mehr das wirkliche Warten auf den Sonnenaufgang und die Wärme des Tages. Sonne und Wärme sind jetzt da. Die Nacht und das Warten kann man auch vergessen. So sollte es scheinen.

Aber wer die Propheten kennt und wer die Prophezeiungen auch nur einmal wirklich gehört hat, wird nicht so leicht von ihnen frei. Die Christen mögen behaupten, die Sonne sei aufgegangen. Aber ist das wahr? Ist denn das, wovon die Propheten gesprochen haben, eingetreten? Sie haben ja nicht nur einfach ein Kind aus Bethlehem angekündigt, ein Jungfrauenkind, und sonst nichts. Sie haben sogar mehr angekündigt als einen, der Blinden das Augenlicht gab und Stummen die Rede schenkte, dann aber getötet wurde und – mag er auch auferweckt und an die Seite Gottes gesetzt worden sein – unsere Welt im wesentlichen so hinter sich zurückließ, wie sie vorher gewesen war, ja vielleicht noch elender und dunkler – weil einmal für kurze Augenblicke in ihr ein Licht aufgeleuchtet, dann aber ebenso schnell wieder erloschen war. Sie haben doch von mehr geredet als von dieser einen Ausnahme, dieser flüchtigen und unwiederholbaren Unterbrechung.

Sie sahen eine neue Welt erstehen. Die alte sollte zusammenbrechen. Ihre Sterne sollten vom Himmel fallen. Dann sollte der Geist Gottes mit schöpferischer Urkraft über das Chaos des Ehemaligen fegen. Eine neue Schöpfung sollte sprossen. Die gesellschaftlichen Systeme aus Rivalität, Gewalt und Herrschaft sollten Vergangenheit sein. Keine Waffen sollten mehr geschmiedet werden. Sie sollten umgeschmiedet werden in Pflüge und Winzermesser. Niemals mehr sollten die Achtzehnjährigen für den Krieg ausgebildet werden. Die Väter sollten sich mit den Söhnen und die Töchter sich mit den Müttern vertragen. Des uralten Streites zwischen den Generationen sollte nicht mehr gedacht werden. Glück sollte da sein. Die Einsamkeit sollte aufgehoben sein. Am Abend auf den Plätzen und Straßen Jerusalems sollten die Alten friedlich beieinander sitzen. Die vielen Kinder sollten zwischen ihnen spielen. Keiner sollte mehr den andern belehren müssen. Denn in allen sollte der Geist des Herrn wohnen. Alle sollten im eigenen Herzen wissen, was gut ist und was dem eigenen und dem fremden Glück dient. Die Krankheit sollte sich in die Winkel verkriechen. Selbst die Tiere und Pflanzen sollten aufatmen und wieder zur reinen Natur werden – weil die Menschen wieder zur Schönheit der ersten Schöpfung zurückgekehrt waren und über allem die Sonne der Gerechtigkeit strahlte.

Das sind doch die Utopien der Propheten. Wer würde behaupten, sie seien eingetreten? Unerfüllte Prophezeiungen sind es. Kein Glaubensbekenntnis hilft darüber hinweg. Es mögen törichte Prophezeiungen sein, unverantwortliche Spiele mit der menschlichen Hoffnung – erfüllte Prophezeiungen sind es nicht. Es sind auch heute noch Utopien.

Vielleicht werden sie besser verstanden in den Tumulten von Zürich, in den besetzten Häusern von Berlin-Kreuzberg, bei den Hunderttausenden, die für den Frieden oder gegen einen Flughafenausbau auf die Straßen gehen als bei den Christen, die sie als ein Mittel benutzen, um vorübergehend in Adventsstimmung zu geraten, im übrigen aber der Meinung sind, alles sei ja schon in Erfüllung gegangen und uns bleibe nichts mehr zu wünschen.

Entlastungstheorien

Aber sie schaffen es auch gar nicht, sich so schnell der alten Prophezeiungen zu entledigen, die Christen. Es sind gefährliche Texte. Man muß sich gegen sie schützen. Man muß Theorien ersinnen, die vom Druck derart strahlender Hoffnungen entlasten – will man nun einmal an der These festhalten, alles sei schon seit 2000 Jahren eingetroffen.

Da auch dieser Zwang zur Abwehr inzwischen schon alt ist, verfügen wir heute über eine ganze Reihe solcher Entlastungstheorien. Damit sie wirksam sind, ist es am besten, wenn sie kaum noch bemerkt werden. Und das geht auch. Die meisten sind schon jahrhundertelang im Gebrauch. Der Umgang mit ihnen ist eingeübt. Sie sind so tief in die Seelen eingesickert, daß man sie nicht mehr wahrnimmt. Dort aus der Tiefe wirken sie um so besser. Sofort, wenn wir die Bibel aufschlagen und darin zu lesen beginnen, leiten sie unser Verständnis durch Selektion, Transposition und Färbung. Wir lesen gar nicht mehr das, was eigentlich da steht. Wir lesen sofort etwas anderes, das, was den Entlastungstheorien entspricht. Deshalb müssen sie entlarvt werden.

Die Jenseitstheorie

Da ist vor allem die Theorie, daß die Verheißungen der Propheten sich auf das Jenseits beziehen. Unter dem Jenseits ist dabei das gemeint, was nach dem Tode kommt, oder auch – gesamtmenschheitlich gesehen – was nach dem Ende dieser Welt kommt. So hätten die Propheten, wenn sie vom Ende der Kriege und vom kommenden Frieden sprachen, nicht von einer Möglichkeit dieser Geschichte gesprochen, sondern vom „ewigen Frieden".

Schon Immanuel Kant hat in seiner Schrift „Zum ewigen Frieden" die Formulierung wieder auf die Erde zurückgeholt und die Idee eines Völkerbundes entworfen, dem die Menschheit zustreben solle und der in der Lage wäre, den „ewigen Frieden“ in unserer Geschichte zu garantieren. Aber das hat nichts genutzt. Die Sogkraft von Alltagswörtern wie des Wortes „Friedhof“ für die Parks, in denen wir unsere Toten begraben, ist stärker als die Sprache großer Philosophen. Noch vor kurzem hat auf einer deutschen Bischofskonferenz ein Kardinal seinen Mitbischöfen die Friedensverheißung der Propheten ausgelegt, sie als die Botschaft vom „ewigen Frieden“ gedeutet und diesen ins Jenseits nach unserem Tode verlegt. Und er hat sich dabei sogar auf Immanuel Kant berufen.

Ich erinnere mich auch noch genau, daß ich in einer ekstatisch-religiösen Phase meiner eigenen Pubertät ein Buch eines damals bekannten Theologen über das Jenseits verschlungen habe. Es beschrieb die kommende Welt und benutzte dazu eine lange Kette von Zitaten aus den alttestamentlichen Prophetenschriften, vor allem aus dem Buch Jesaja. Ich habe diese ungeheuren Hoffnungstexte damals völlig fraglos so verstanden, wie sie mir in dem Buch angeboten wurden: als visionäre Bilder des Jenseits. So blieben sie mir in der Seele haften. Erst Jahrzehnte später, als ich durch meinen Beruf als Alttestamentler mich immer wieder wissenschaftlich mit diesen Texten zu befassen hatte, ist mir für einen Text nach dem andern dieses Verständnis zerbrochen. Es hat mich einen mühsamen Kampf und viel Arbeit gekostet, die Jenseitstheorie für die Deutung prophetischer Verheißungen innerlich abzuschütteln.

Wenn ich sie hier als eine den ursprünglichen Sinn der Aussagen verschiebende Entlastungstheorie kennzeichne, will ich natürlich in keiner Weise sagen, es gebe nichts mehr nach dem Tode. Jesus ist von den Toten auferweckt worden, und auch wir haben die Hoffnung, aus dem Tod heraus von Gott in neues Leben gerufen zu werden. Darum geht es in unserem Zusammenhang nicht. Es geht nur um den Ort der prophetischen Verheißungen. Beziehen sie sich auf unsere jetzige Welt und unsere jetzige Geschichte, dann muß ihre Verlagerung ins Jenseits einen Grund haben, und dieser Grund kann nur die Flucht vor ihnen sein. Weil unser Jetzt dem, was sie sagen, so wenig entspricht, deshalb halten wir sie nicht als Worte über unser Jetzt aus und verdrängen sie ins Jenseits.

Doch sie meinten gewiß im Mund der Propheten unser Jetzt. Zur Zeit, als die großen Propheten Israels lebten, war Israels Glaube sowieso völlig auf Gottes Handeln im Diesseits gerichtet. Lehren über das Jenseits wehrte man ab. Sie rochen damals zu sehr nach dem Totenkult der Ägypter und anderer Nachbarvölker, sie waren unauflöslich mit der Verehrung seltsamer Götter verknüpft, mit denen Israels Gott nichts gemein hatte, kurz: man hatte Wichtigeres und Entscheidenderes zu glauben.

Das hat sich gegen Ende der alttestamentlichen Zeit geändert. Die Martyrien der makkabäischen Zeit mit dem hier auf Erden nicht mehr auszugleichenden Unrecht, das gerade den Gläubigsten angetan wurde, öffneten den Blick für Gottes Herrschaftswillen auch jenseits der Todesgrenze und jenseits unserer irdischen Geschichte. Doch das bedeutete nicht, daß man dann die alten prophetischen Hoffnungen auf das Jenseits umgedeutet hätte. Damals entstand jene Variante der prophetischen Literatur, die wir heute als Apokalyptik bezeichnen. Sie konnte zwar vom völligen Ende der Geschichte und einem dahinter kommenden neuen Äon ganz anderer Art sprechen. Doch wenn sie das tat, schob sie die prophetischen Verheißungen nicht automatisch hinter das Weltende. Sie griff vielmehr zum Beispiel zum Bild des Reiches des Messias, des „tausendjährigen Reichs". Die Zahl von tausend Jahren ist natürlich symbolisch. Entscheidend ist, daß sich in diesem Reich die alten Hoffnungen erfüllen und daß es noch vor der großen Scheidelinie des Endes liegt. So bezieht sich auch hier die alte Verheißung bewußt auf unsere Geschichte.

Das ist auch bei Jesus von Nazaret und in den frühen christlichen Gemeinden nicht umgebaut worden. Man behauptete jetzt, die Zeit der Erfüllung sei gekommen. Und selbst wenn man nach Jesu Tod ihn, den schon gekommenen Erfüller der Prophetenworte, zugleich als den bald Wiederkommenden glaubte, hielt man daran fest, daß alle Prophetenworte, und nicht nur einige, sich zu erfüllen begonnen hatten. Von einem Umbau des Glaubens Israels, der so sehr an dieser Erde haftete, in eine reine Jenseitsreligion ist im Neuen Testament nichts zu erkennen. Eher wird in der Vorstellung, daß der erhöhte Jesus jetzt zugleich das Haupt seines Leibes, der hier in der Welt lebenden Kirche, ist, das Jenseits, an das man durchaus glaubt, ans Diesseits gebunden und in es hineingezogen.

Die Innerlichkeitstheorie

Aber, so könnte man fragen, wie war so etwas möglich? Mußte man, wenn die prophetischen Verheißungen wirklich auf das Jetzt gingen, sie nicht zumindest in einem anderen Sinn umdeuten: sie geistig und innerlich verstehen? Waren es denn überhaupt Worte über die menschliche Gesellschaft? Waren es nicht vielmehr Traumvisionen, die eigentlich die Seele meinten, das Selbst des Einzelnen, dem drunten auf tiefem Grund jeweils sein Heil zuteil werden sollte?

Dies ist die zweite, fast noch gefährlicheren Sog entwickelnde Entlastungstheorie gegenüber dem Druck der prophetischen Hoffnungsfülle. Wir können sie die Innerlichkeitstheorie nennen. Sie trat sehr früh im Christentum in der Gestalt der sogenannten Gnosis auf, nahm dann immer neue Formen an und wird gerade in unseren Jahren wieder durch manche Meditationsbewegungen und manche Arten von tiefenpsychologisch orientiertem Christentum neu genährt.

Die prophetischen Texte können dabei, hat man sie einmal entdeckt und überläßt man sich ihrem symbolischen Reichtum, fruchtbar und hilfreich werden. Es ist ja auch nicht so, daß sie nichts mit der Dimension des Seelischen und des Selbst im Sinne hätten. Trotzdem gilt: Wer sie nur noch in diesen Dimensionen versteht, hat sich auf eine Fluchtbewegung mitnehmen lassen.

Um wieder das Beispiel der Friedensverheißungen aufzugreifen: Sie meinen bei den Propheten wirklichen Frieden zwischen den Völkern, zwischen den rivalisierenden Gruppen einer Gesellschaft, zwischen den Generationen innerhalb einer Familie. Wenn davon geredet wird, daß in zukünftigen Tagen die Waffen in friedliche Werkzeuge umgeschmiedet werden, dann ist das wörtlich gemeint, nicht bildlich. Wenn es heißt, daß dann der Wolf beim Lamme lagert, der Panther beim Böcklein liegt, Kalb und Löwe zusammen auf die Weide gehen und der Säugling spielt vor dem Schlupfloch der Natter, dann sind das zwar Bilder, aber gerade Bilder für eine gesellschaftliche und nicht für eine innerseelische Wirklichkeit. Das geht aus dem Zusammenhang dieser Aussagen im Jesajabuch eindeutig hervor.

Dies ist auch durch Jesus und die frühen Gemeinden nicht etwa umgedeutet worden. Selbstverständlich strahlt der Friede, den die Gläubigen mit Gott und untereinander haben, in die einzelne Seele hinein und erfüllt sie mit innerem Frieden. Doch ist im Neuen Testament, wenn vom Frieden geredet wird, nur ganz selten ein Einzelner angeredet oder gemeint. Das Wort vom Frieden ergeht fast immer an eine Vielheit von Menschen, gewöhnlich an die christliche Gemeinde oder an die ganze Kirche. Wir hören das gar nicht mehr mit, so sehr sind wir es gewöhnt, etwa in den Paulusbriefen des Neuen Testaments das Wort „Frieden“ auf das einzelne Herz zu beziehen.

Selbst im Johannesevangelium täuschen wir uns, wenn wir spontan meinen, dort sei vom inneren Frieden des einzelnen Gläubigen die Rede. Zwar klingt es so, etwa in den Abschiedsreden Jesu: „Frieden hinterlasse ich euch, meinen Frieden gebe ich euch; nicht einen Frieden, wie die Welt ihn gibt, gebe ich euch. So werde euer Herz nicht unruhig und verzage nicht“ (Joh 14,27). Was hier gemeint ist, wird im gleichen Evangelium nach Jesu Auferstehung deutlich. Da erscheint er seinen Jüngern im Saal und sagt ihnen zweimal: „Der Friede sei mit euch“ (Joh 20,19.21). Und dann zeigt sich, was er meint. Er haucht sie an und spricht zu ihnen: „Empfangt den Heiligen Geist! Wem ihr Sünden vergebt, dem sind sie vergeben; wem ihr die Vergebung verweigert, dem ist sie verweigert“ (Joh 20,22f). Der Heilige Geist ist hier die Kraft, immer wieder neu innerhalb des Kreises der Glaubenden Anfang zu setzen. Man kann einander immer wieder vergeben und neu beginnen. Das ist der Friede. In dem Maß, in dem er zwischen den Gliedern der Gemeinde zustande kommt, kommt er zugleich zwischen der Gemeinde und Gott zustande. Und wenn die Gemeinde Gottes so ein Raum des Friedens bleibt, dann braucht kein Herz vor einer Welt zu verzagen, die zwar auch stets vom Frieden redet, ihn aber nie wirklich schaffen kann. Erst hier kommt jetzt, gewissermaßen als letzte Folge, auch der Friede des einzelnen Herzens in den Zusammenhang hinein. Es braucht nicht unruhig zu werden und sich nicht zu fürchten.

Was ich hier am vielleicht subtilsten Aspekt, der Verheißung des Friedens, aufgezeigt habe, gilt in gleicher Weise auch von allen anderen prophetischen Verheißungen. Sie meinen weder bei den Propheten selbst die reine Innerlichkeit noch sind sie durch Jesus und die frühe Christenheit in diesem Sinne uminterpretiert worden. Erst nachher kam dann jene Innerlichkeitstheorie auf und setzte sich durch, mit deren Hilfe wir uns auch heute noch davon entlasten, unsere arme Wirklichkeit mit der strahlenden Fülle der prophetischen Verheißungen vergleichen zu müssen.

Die bürgerlich-private Religionstheorie

Eine reine Variante zu ihr ist das, was man die bürgerlich-private Religionstheorie nennen könnte. Sie stellt zugleich eine Abart von Luthers Zwei-Reiche-Lehre dar, wenn sie auch die eigentliche Intention, die Luther gehabt haben dürfte, verfehlt. Nach dieser Theorie bezieht sich die Botschaft der Bibel und damit auch die prophetische Verheißung nicht auf die ganze menschliche und gesellschaftliche Wirklichkeit, sondern nur auf das sogenannte Religiöse.

Dieses Religiöse umfaßt die innerliche Gottesbeziehung, die moralische Gesinnung, die rituelle Verschönerung des wöchentlichen Ruhetags und der kritischen Wendepunkte des Lebens wie Geburt, Reife, Eheschließung und Tod. Der eigentliche Ort des Religiösen ist das

Privatleben, die Kleinfamilie und das Kirchengebäude. Andere gesellschaftliche Räume, wie die Wirtschaft, die Politik, die Bildung, der Sport, die Freizeit haben nichts damit zu tun und gehorchen anderen Gesetzen. Behauptet man nun, daß die Prophezeiungen der Propheten seit Jesus ins Stadium der Erfüllung getreten sind, sich jedoch nur auf diese religiöse Sphäre beziehen, dann handeln die Prophezeiungen folgerichtig zwar nicht nur von reiner Innerlichkeit, aber sie gehen auch nicht weit darüber hinaus.

Um wieder das Thema des Friedens als Beispiel zu nehmen: Man wird die prophetische Verheißung des Friedens schon dann erfüllt sehen, wenn es innerhalb der Familien und im engeren persönlichen Bekanntenkreis der einzelnen Menschen einigermaßen friedlich zugeht. Die Tatsache, daß zugleich die Großgesellschaft von Rivalitäten zerfressen wird und die Völker gegeneinander von Waffen starren, muß einen dann nicht beunruhigen. Sie spricht nicht gegen die Propheten, denn diese handelten ja nur vom rein Religiösen und seinem unmittelbaren Strahlungsraum.

Die Propheten hatten recht, und ihre Friedensbotschaft erfüllt sich, denn friedlich sitzt am Weihnachtsabend die Familie unterm Tannenbaum und beim beladenen Gabentisch, Glück und Eintracht verbindet sie für eine schöne Kerzenstunde. Wie es draußen aussieht bei anderen Menschen, wie es zwischen den Völkern zugeht, ja wie es sogar im übrigen langen Jahr zwischen denen zugeht, die jetzt einen Abend lang Weihnachtsfrieden haben, ist ausgeblendet.

Daß auch hier ein Entlastungsmechanismus am Werk ist, liegt genau so auf der Hand wie bei den beiden vorher besprochenen Theorien, bei der Verschiebung aufs Jenseits und bei der Reduktion auf die Innerlichkeit. Die

Propheten Israels hätten nie daran gedacht, Gottes Zukunftsverheißung auf einen privat-religiösen Bezirk zu begrenzen. Sie meinten das Ganze. Sie meinten wirklich die Waffen der Völker, die umgeschmiedet werden sollten, und sprachen wirklich vom Ende der Kriege. Wenn prominente Politiker auf einem Kirchentag sagen, die Bergpredigt könnten die Christen in ihrem Privatleben befolgen, doch sie gelte nicht in der Politik, dann beschreiben sie ohne Zweifel das, was ist. Doch gewiß beschreiben sie nicht, was nach den Propheten Israels sein könnte.

So stehen wir Christen am Ende doch als die Hochstapler da. Wir brüsten uns der Propheten. Wir sagen, ihr Wort sei erfüllt. Wir deuten an, daß wir im Raum der Erfüllung leben. Doch zugleich müssen wir eine Entlastungstheorie nach der anderen vor uns aufschichten, damit die Diskrepanz zwischen Anspruch und Wirklichkeit nicht sichtbar werde. Was ist nun also? Sollten wir nicht einfach zugeben, daß die prophetischen Utopien eben Utopien waren: Visionen, deren Sinn nicht darin besteht, sich zu erfüllen, sondern nur, in einer bestimmten Situation die Menschen aus dem Schlaf zu wecken und in Bewegung zu bringen?

Trotzdem gab es Jesus von Nazaret

Auch das ist wieder nicht möglich. Dagegen steht die Unterbrechung, die nun doch da war: Jesus von Nazaret. Zumindest in ihm ist so viel an Erfüllung Wirklichkeit geworden, daß die Weltgeschichte darüber nie mehr zur Tagesordnung ihrer Erbärmlichkeiten übergehen kann.

Hier war unser Herz aus Stein durch ein fleischernes

Herz ersetzt, und auf die Tafeln dieses Herzens waren die Konturen der ursprünglichen Schöpfung und die göttlichen Entwürfe menschlichen Handelns so deutlich gezeichnet, daß dieser Mensch keiner Lehre von außen bedurfte und einfach dadurch, daß er da war, die Welt um sich veränderte. Die Wahrheit der ihm Begegnenden konnte zutage treten. Die Güte ging auf und brauchte sich nicht zu verstecken. Ja selbst die Leiber der Menschen witterten die Kraft, und die Kranken wurden gesund. Was die Propheten gemeint hatten, fing in ihm an. Und als eine Gesellschaft, die die Wahrheit nicht brauchen kann, weil sie zu viel zu verbergen hat, sich durch das, was da begann, in Frage gestellt sah, sich zusammenschloß und tödlich zustieß, war es schon zu spät.

Für uns, die Nachgeborenen, bedeutet die Auferwekkung Jesu, daß Gott sich nicht den Siegern anschloß, sondern den Ermordeten bestätigte. Was Jesus war, bleibt. Es kann nicht mehr ungeschehen gemacht werden und wird auch nicht vergessen werden. Es wird immer Menschen geben, die die Nachricht von dieser Unterbrechung der menschlichen Unheilsgeschichte durch einmal gelungenes Heil weitergeben. Es wird immer möglich sein, aus dieser Nachricht neuen Anfang zu gewinnen.

Insofern gilt nun doch, daß die Prophezeiungen erfüllt sind. Wir Christen haben kein Recht, die Nachricht von Jesus zu verschweigen. Deshalb müssen wir auch dabei bleiben, daß die Propheten Recht hatten und daß eingetreten ist, wovon sie sprachen. Nur: Wie müssen wir dabei bleiben?

Niemals, indem wir die Verheißungen durch Entlastungstheorien unseren armseligen Verhältnissen anpassen. Wir dürfen keinen der drei Faktoren auch nur irgendwie preisgeben: Weder die strahlende Fülle der verheißenen Hoffnung noch ihr wirkliches Eintreten in Jesus von Nazaret noch das Ausbleiben ihrer Durchsetzung in alle Dimensionen der Menschheit und der Geschichte hinein.

Dies geht, so will mir scheinen, nur, wenn wir wissen, daß Gott niemals magisch und an der menschlichen Freiheit vorbei handelt. Auch das Wunder Jesus von Nazaret war ein Wunder aus Freiheit. Ein Mensch hat da ohne Vorbehalt Gott in sich handeln lassen. Das ist das größte aller Wunder, denn es ist das am wenigsten zu Erwartende. Daher ist auch die Multiplikation dieses Wunders in Gesellschaft und Geschichte hinein nur durch menschliche Freiheiten hindurch möglich.

Keiner kann gezwungen werden, keiner darf gezwungen werden. Es muß den lebendigen Bund derer geben, durch deren Freiheit hindurch das Wunder Jesus sich multipliziert. Es muß den gesellschaftlich weiterlebenden Leib Christi geben: die Kirche, die Gott sich erträumt. Sie kann der Ort des von den Propheten verheißenen Wunders sein, auch wenn der Rest der menschlichen Gesellschaft, weil er das Wunder nicht will, nicht aufhören sollte, auf sie einzuschlagen und ihre Vernichtung zu planen.

Erst Jesus und Kirche zusammengenommen sind das, was die Propheten verheißen haben. Wenn nur die Kirche nicht flüchtet aus ihrer eigenen Identität, weil sie nicht zugeben will, daß sie von Gott als die Erfüllung aller Prophezeiungen, auch der leiblichsten und materiellsten, gedacht ist! Nie dürfte sie sich ans Jenseits halten wollen, nie dürfte sie sich auf die Seele oder auf eine religiöse Privatheit beschränken. Wir müßten uns schon das volle Wort der Propheten zumuten lassen.

Dann wäre es nicht schlimm, wenn wir sagen müßten, alles habe zwar schon vor zweitausend Jahren begonnen, und im einen Menschen Jesus sei es auch schon irgendwie ganz dagewesen, aber zugleich sei es eigentlich immer gerade noch dabei, anzufangen. Das in die Erde gesenkte Senfkorn gehe gerade erst auf. Der Sauerteig sei gerade erst unters Mehl gemischt worden. Die aufgehende Sonne schaue gerade erst über den Rand des noch nachtschwarzen Weltenhorizonts. Wir könnten durchaus die eingetretene Erfüllung proklamieren müssen und doch noch ganz und gar Hoffende sein, die noch die Herrlichkeit der Verheißung jugendfrisch vor sich sehen.

Das wäre alles vereinbar, wenn wir nur das Wort der Propheten nicht weiter durch unsere Entlastungssysteme verdunkelten und uns ganz von dem erfassen ließen, was im Ansatz schon da ist und jederzeit wie eine herrliche Blume aufgehen könnte: Die eigentlich von Gott gemeinte, die Welt verwandelnde Kirche.

Der Wille Gottes

Als ich noch auf die Schule ging, kamen periodisch die Zeiten wieder, wo die Lehrer Zeugnisse machten. Da hatten wir dann die Angst um die richtigen Noten. Selbstverständlich habe ich damals auch zu dem wichtigsten Mittel gegriffen, das die christliche Kindererziehung uns Kindern bereitstellte, zur Macht des Gebets. Sie hat sich auch in diesem Zusammenhang im allgemeinen als wirkkräftig erwiesen. Doch weiß ich genau, daß ich keineswegs naiv betete. Ich hatte eine gute Gebetserziehung genossen. Ich betete: „Herr, gib, daß ich gute Noten bekomme – aber nicht mein Wille geschehe, sondern der deine!“ Es klappte trotzdem.

Ich hatte damals auch oft Streit mit meiner jüngeren Schwester. Bisweilen setzten sich aber die elterlichen Ermahnungen zur Verträglichkeit durch, und ich beherrschte mich. Auch das ging hin und wieder nur unter Zuhilfenahme der Kraft des Gebets. Auch hier spielte der Wille Gottes eine Rolle. Denn das Gebet lautete etwa folgendermaßen: „Herr, eigentlich müßte ich sie verdreschen. Aber es ist dein Wille, daß ich mich mit ihr vertrage. Herr, dein Wille geschehe. Gib mir die Kraft, sie in Ruhe zu lassen!“

Der Wille Gottes war für mich also eine frühe Wirklichkeit. Sie verblaßte auch nicht, als ich älter wurde. Sogar im Vaterunser war ja davon die Rede: „Dein Wille geschehe.“ Was mit dieser Bitte gemeint war, war mir klar.

Es orientierte sich an Situationen wie den soeben erzählten.

Vermutlich ist das bei den meisten Christen ähnlich, selbst wenn sie nicht das Glück einer so frühen Erziehung zum selbstverständlichen Gebet hatten. Irgendwann tritt der Gedanke des Willens Gottes ins eigene Leben hinein, und man wird darunter auch in gesetzterem Alter ungefähr das begreifen, was ich schon als Kind in meinen Gebeten darunter begriff. Um es mit biblischen Verweisen zu kennzeichnen: Man versteht den „Willen Gottes“ aus der Situation Jesu im Ölgarten, oder man versteht ihn aus der Situation Israels am Berg Sinai.

Jesus im Ölgarten, am Abend vor seinem Tod, sah vor sich, welches Schicksal in dieser Nacht noch auf ihn zukommen würde. Alles in ihm wehrte sich dagegen. Er wußte zugleich – so läuft wenigstens unser übliches Verständnis –, daß Gott, sein Vater, Herr über jedes Geschehen in der Welt war. Deshalb flehte er ihn an um Abwendung dieses Geschicks. Aber dann ließ er doch Gott Gott sein und fügte hinzu: „Nicht mein Wille geschehe, sondern der deine.“ Gottes Wille also als das, was hinter unserem uns oft so unbegreiflichen Schicksal steht und von dem wir gegen allen Anschein annehmen, daß es letztlich der Güte entstammt. Gottes Wille als das, was uns überwältigt.

Dann aber auch: Gottes Wille als das, was uns aufgegeben ist. Am Sinai hat Gott seinem Volk die Gebote gegeben. Er hat ihm gesagt, was gut und böse ist. Es gibt ein Maß für unsere sittlichen Entscheidungen, Gottes Willen. An dieses Maß sollen wir uns halten. Gottes Wille soll unser Tun bestimmen.

Diese zweite Bedeutung von Gottes Willen, die uns selbst aktiv werden läßt, hat dann im Laufe meines Lebens noch eine besondere Nuance angenommen. Es mag damit zusammenhängen, daß ich in die spirituelle Tradition eingetreten bin, die von Ignatius von Loyola herkommt. Da spielt der Gedanke eine besondere Rolle, daß Gottes Wille nicht nur allgemein festgelegt ist, in für alle gleicherweise geltenden Geboten, sondern daß Gott eigentlich für jeden einzelnen Menschen seinen besonderen, einmaligen Willen hat, und das auch wieder neu in jeder neuen Situation. Es gilt, hellhörig zu werden für den jeweiligen Individualwillen und Situationswillen Gottes. So kann das Stichwort „Wille Gottes" außerordentlich wichtig werden und sich zu einem Leitmotiv des Lebens entfalten. Die Bitte im Vaterunser kann zu einem ständigen Gebet um Gottes persönliche Führung werden. Sie kann besagen: Hilf mir, zu sehen, was du jetzt von mir willst, und gib mir die Kraft, darauf einzugehen und es zu tun.

Das also hielt ich für die christliche Rede vom Willen Gottes. Bis ich einsehen lernte, daß zwar alles richtig und an seinem Platz auch für den einzelnen höchst bedeutsam ist, aber noch keineswegs die christliche, die biblische Sicht von Gottes Willen. Diese kann dadurch sogar verstellt werden. Gewiß spricht die Bibel auch oft im Sinne des bisher Entwickelten vom Willen Gottes. Aber was sie da, wo sie zu ihrem Eigentlichen kommt, unter dem Willen Gottes versteht, soll der Gegenstand der folgenden Überlegungen sein.

Hinführende Beobachtungen

In meiner eigenen ignatianischen Tradition hätte ich schon von Anfang an das unterscheidend Christliche an der Rede vom Willen Gottes wahrnehmen können. Denn in den „Geistlichen Übungen" des Ignatius von Loyola steckt eigentlich alles in der Meditationsübung über den Ruf des Königs. Diese Meditation hat in den „Geistlichen Übungen" eine Art Schlüsselstellung. Sie erschließt die Gesichtspunkte, unter denen während der Zeit, wo man auf der Suche nach Gottes Willen für die eigene Lebensentscheidung ist, die Evangelientexte gelesen und meditiert werden sollen. Man führt sich in ihr einen irdischen König vor Augen, der Ordnung und Glück in die Welt bringen möchte (im Exerzitienbüchlein ist das etwas mittelalterlicher ausgedrückt, aber so ist es gemeint). Man fragt sich, ob man sich ihm nicht zum Dienste anbieten und zur Verfügung stellen müßte, wenn er um Hilfe bei seinem Unternehmen bittet. Dann springt man aus dieser Utopie, von der man sehr wohl weiß, daß sie nie vorkommt, in die Betrachtung des ewigen Königs Christus, den es gibt und der in unserer Welt am Werk ist. Und man fragt sich, wie man denn ihm auf seinen längst ergangenen Ruf antworten soll. Dies ist im Großen der Gang der Erwägung über den Ruf des Königs. In ihrem Zusammenhang findet sich nun zweimal eine höchst aufschlußreiche Formulierung.

Ignatius von Loyola zitiert die Rede des menschlichen Königs, die dieser vor allen Menschen hält, die er für seine Sache gewinnen will. Sie beginnt mit dem Satz: „Mein Wille ist es, das ganze Land der Ungläubigen zu unterwerfen." Zeitbedingt ist die Kreuzzugssprache. Es ist zu beachten, daß diese hier, beim welthaften Vorausvergleich, auftritt. Genau parallel dazu beginnt dann die ebenfalls wörtlich ausformulierte Rede „Christi, unseres Herrn" an alle Menschen und jeden einzelnen im besonderen: „Mein Wille ist es, die ganze Welt und alle Feinde zu unterwerfen und so in die Herrlichkeit meines Vaters einzutreten."

Hier ist an entscheidender Stelle die Rede vom Willen Christi. Wir brauchen keinen Augenblick zu zweifeln, daß er sich bei Ignatius deckt mit dem Willen Gottes. Von diesem Willen ist aber hier so die Rede, daß man genausogut mit „Plan“ oder „Absicht“ übersetzen könnte: „Mein Plan ist es, die ganze Welt und alle Feinde zu unterwerfen und so in die Herrlichkeit meines Vaters einzutreten.“ Das bedeutet aber, daß es um ein Projekt Gottes geht, das er in unserer Welt, in unserer Geschichte verwirklichen will. Selbstverständlich ist dieses Projekt alles andere als ein Eroberungskrieg. Es geht ja um das, was in den Evangelien beschrieben wird. Und Christus sucht Menschen, die er in dieses Projekt verwickeln kann. Das Projekt ist auch nicht unbekannt, ist nicht verborgen in Gottes Unbegreiflichkeit. Nein, es ist gewissermaßen öffentlich proklamiert. Man kann sich angerufen wissen, sich dafür zur Verfügung stellen und dieser Sache Gottes in der irdischen Geschichte dienen.

Wille Gottes wäre demnach alles andere als widriges Schicksal, das wir, weil wir uns nicht wehren können, eben zu erleiden haben. Wille Gottes wäre auch viel mehr als die Verpflichtung zu moralischem Handeln. Die Idee des auf den einzelnen und auf die jeweilige Situation gehenden Willen Gottes kommt schon in die Nähe dessen, was eigentlich gemeint ist. Doch ist sie noch zu sehr am atomistisch betrachteten Individuum und an der atomistisch betrachteten Einzelsituation orientiert. Es geht um das Ganze der Welt und der Geschichte. Es geht um eine Absicht, die Gott damit hat, um einen Plan, den er hier in seiner Schöpfung verwirklichen will. Erst sekundär stellt sich innerhalb dieses Geschichtswillens Gottes die Frage, was in einer konkreten Einzelsituation für den einzelnen Menschen dann der jeweilige konkrete Wille Gottes sei. Die volle Frage nach dem Willen Gottes vermittelt dieser punktuellen Frage erst ihren Zusammenhang.

So scheint das wenigstens an einer Schlüsselstelle der „Geistlichen Übungen" des Ignatius von Loyola gemeint zu sein. Einen anderen Aspekt der gleichen Sache bekommen wir in den Blick, wenn wir nach den Wörtern fragen, die in der Bibel bei der Rede vom Willen Gottes gebraucht werden.

Hinter den im Neuen Testament verwendeten Wörtern stehen zwei hebräische Wortwurzeln mit den verschiedenen aus ihnen abgeleiteten Wörtern, die eigentlich gar nicht genau „wollen" im Sinn von „befehlen, durchsetzen" meinen, sondern eher: „Freude und Lust an etwas haben", „etwas begehren, wünschen, ersehnen", „etwas lieben und gernhaben", „nach etwas verlangen und davon träumen". Es handelt sich um die Wurzeln *ḥāfēṣ* und *rāṣāh*. Es sind die Wörter, die zum Beispiel regelmäßig in der prophetischen Kultkritik auftauchen. So heißt es etwa in 1 Sam 15, 22:

Hat der Herr an Brandopfern und Opferschmäusen jene Freude,
die er dann hat, wenn jemand auf ihn hört? (haḥēfāṣ lJHWH)

Oder beim Propheten Amos heißt es:

Wenn ihr mir Brandopfer abbrennt,
dann hab ich keine Lust an euren Gaben (lō' 'ärṣāh),
eure fetten Friedensopfer will ich nicht sehen.
Weg mit dem Lärm deiner Lieder,
dein Harfenspiel will ich nicht hören.
Das Recht sollte strömen wie Wasser,
die Gerechtigkeit wie ein nie versiegender Fluß (5, 22–24).

Es gibt also Dinge in unserer Welt, an denen Gott Lust hat, und es gibt andere, die ihn nicht interessieren. Es gibt Sehnsüchte Gottes für seine Schöpfung. Gott wünscht sich etwas in der menschlichen Geschichte. Er hat, wenn dieses Bild erlaubt ist, Träume. Er träumt von Dingen, die unter uns zustande kommen sollten. Seine Träume haben immer etwas mit gerechter und geglückter menschlicher Gesellschaft zu tun. Daran hätte er Freude. So geht es, wenn in der Bibel von Gottes „Willen" die Rede ist, um seine Pläne, die seinen Sehnsüchten entstammen.

Und ein letzter Gedanke sei vorbereitend gebracht. Vom Willen Gottes im Sinne des moralischen Gebots und vom Willen Gottes im Sinne des über uns waltenden Geschicks können und müssen alle Religionen reden. Sogar jeder über den Weltsinn nachdenkende Weise muß dazu kommen, sich dieser Wirklichkeit zu öffnen. Letztlich gerät man dann aber in den Bereich des Unverfügbaren und Unerkennbaren. Die Prinzipien der Moralität kann man aus der Betrachtung der menschlichen Natur und der Natur der Dinge erahnen, da gibt es vielleicht noch eine Art von Erkenntnis. Doch bei der Frage nach dem Sinn in den Ereignissen verzagen wir bald. Wenn Gott hinter allem, was geschieht, stehen sollte, so begreifen wir doch nur höchst selten, warum die Welt so läuft, wie sie läuft. Der Wille Gottes wird zum Rätsel. Dem verwundeten Prometheus wird er zum Skandal. Dem Frommen zum angebeteten Geheimnis. Mögen auch manche Religionen ein Orakelwesen ausbauen, um hinter den göttlichen Willen zu kommen, oder auch heute noch blühende Subkulturen zum gleichen Zwecke Astrologie und andere Gewerbe dieser Art entwickeln, der Wille Gottes bleibt uns verschlossen. Er ist Gottes Freiheit.

Doch der christliche Glaube behauptet gerade, Gott habe sich geoffenbart. Er habe seine Freiheit erschlossen. Wenn dieser Anspruch ernst genommen wird, dann müßten die Christen vom Willen Gottes anders reden können als alle anderen Menschen.

Sie müßten wissen, daß Gott sich uns in Freiheit zugewendet hat und worauf er hinaus will in der gemeinsamen Geschichte, auf die er sich mit uns Menschen einließ. Sie müßten inhaltliche Auskunft geben können über Gottes Träume, Wünsche und Pläne.

Das ist natürlich sehr anthropomorph gesagt. Und ferner: Wenn es wahr ist, daß zwischen zwei Menschen, die sich lieben, in dem Maß, in dem sie einander vertraut werden, zugleich auch das Geheimnis der gegenseitigen Unbegreiflichkeit wächst, dann gilt ähnliches sicher auch zwischen dem sich offenbarenden Gott und den Menschen, denen er sich erschließt. Ich meine also nicht, daß im Raum der Offenbarung das unbegreifliche Geheimnis Gottes abnehme. So wird auch der Wille Gottes immer seinen Geheimnischarakter behalten und je neu als das ganz und gar Unerwartete, aus reiner Freiheit Kommende erfahren werden. Dennoch müßte, wenn Christentum geschehene göttliche Offenbarung impliziert, zugleich in einer bestimmten Dimension die Möglichkeit bestehen, auch inhaltlich über den Willen Gottes auf eine Weise zu reden, wie das außerhalb des Raums der Offenbarung grundsätzlich nicht möglich wäre. Und darum soll es im folgenden gehen.

Der Wille Gottes bei Deuterojesaja

Aus dem Alten Testament sei die in das Jesajabuch eingebaute Schrift des großen Trostpropheten aus dem babylonischen Exil herausgegriffen, die in vielfacher Hinsicht einen Höhepunkt alttestamentlicher Aussage bildet. Sie findet sich in den Kapiteln 40–55. Hier tritt die Rede vom Willen Gottes so deutlich wie nirgends im Alten Testament hervor.

Israel ist für Deuterojesaja in jeder Hinsicht am Ende. Übriggeblieben sind nur ein der führenden Gesellschaftsschichten beraubtes Land um die zerstörte Stadt Jerusalem herum und Gruppen überlebender Deportierter an verschiedenen Orten Mesopotamiens. In dieses Unheil hinein sagt Deuterojesaja Heil an. Und um es ansagen zu können, bewegt er in einer Art großen literarischen Oratoriums Himmel und Erde, Völker und Fürsten, Götter und Menschen. Seine Dichtung besteht aus immer neuen Stimmen, die durch den Kosmos schallen: der Stimme Gottes, Stimmen von Engeln und von Propheten, Stimmen der Völker, schließlich auch der Stimme Israels. Eine Art von kosmischem Prozeß findet statt, in dem deutlich wird, daß die Götter der Völker machtlos sind, ja sich schließlich als nichtexistent erweisen. Die Geschichte zeigt sich als eine Ereigniskette, die ganz und gar vom Gott Israels her entworfen und im Gang der Zeiten heraufgeführt wird. Und in diesem Ablauf ist einer der Schlüsselbegriffe der „Wille" Jahwes, sein „Plan", sein „Traum", seine „Lust".

Letztlich „will" Gott nicht bestimmte Ereignisse, sondern er will seinen Knecht Israel. In Jes 42,1 stellt er diese Person der Völkeröffentlichkeit erstmals vor, und er beginnt seine Rede folgendermaßen:

Seht, das ist mein Knecht, ich halte ihn an der Hand.
Das ist mein Erwählter, an dem meine Seele Wohlgefallen findet.

Gottes Wille geht also nicht auf die ganze Welt und Menschheit gleichermaßen, sondern auf ein bestimmtes Volk, das er sich ausgesucht hat.

Die anderen Völker und ihr Geschichtshandeln fallen nicht außerhalb dieses Gotteswillens. Doch sie gehören in den Zusammenhang zunächst einmal nur insofern hinein, als sie auf die Verwirklichung des Gotteswillens in Israel hingeordnet werden. Das ist besonders sichtbar an der Gestalt des Kyros von Persien, des gerade im Aufstieg begriffenen Königs des neuen Großreiches. Er wird auch das babylonische Reich besiegen und seinem eigenen einverleiben, und wenn das geschehen ist, wird er die Verbannten Israels heimkehren lassen und dazu beitragen, daß Jerusalem wieder erbaut wird. Das ist letzten Endes der einzige Sinn seines Aufstiegs und seiner Existenz. Denn dadurch dient er dem Willen Gottes (Jes 46,10f). Deshalb kann er als Jahwes „Gesalbter", sogar als sein „Geliebter" bezeichnet werden:

Der, den Jahwe liebt, wird seinen Willen an Babel vollstrecken,
sein Arm wird es bewirken an den Chaldäern (Jes 48,14).

Ist die Auflösung der babylonischen Herrschaft der erste Schritt im Plan Jahwes, dann ist der Wiederaufbau Jerusalems der zweite. Dies wird in einer hymnischen Preisung Jahwes in Jes 44,26–28 deutlich: Jahwe ist der,

der das Wort über seinen Knecht erfüllt
und den Plan, den seine Boten verkünden, ausführt;
der (nämlich) zu Jerusalem sagt: „Es werde bewohnt!"
und zu Judas Städten: „Sie sollen gebaut werden!
Und seine (Jerusalems) Trümmer richte ich auf";
der zum tiefen Meer sagt: „Trockne aus!
Ich lasse deine Fluten versiegen";
der zu Kyros sagt: „Mein Hirt ist er,
meinen Willen wird er ganz verwirklichen" –
und zwar, indem er (Kyros) zu Jerusalem sagt: „Es werde erbaut,
und der Tempel werde gegründet!"

In der Mitte dieses Textes wird das, was Deuterojesaja als die Erfüllung des Planes Gottes durch Kyros ankündigt, identifiziert mit dem weit zurückliegenden, zur Urzeit Israels gehörenden Durchzug durch das zurückweichende und ausgetrocknete Schilfmeer. Damals, am Anfang der

Volksgeschichte, hatte der Wille Gottes zum erstenmal in der Menschheit Gestalt gewonnen. Das aus Ägypten herausgeführte Volk machte Jahwe durch die am Sinai verkündete Gesellschaftsordnung, die Tora, zu einer neuen Gesellschaft in der Völkerwelt. Das ist in einem anderen kurzen Rückblick in Jes 42,21 zum Ausdruck gebracht:

Es war – weil er seine Gerechtigkeit sichtbar machen wollte –
Jahwes Wille,
eine Gesellschaftsordnung groß und herrlich zu stiften.

Doch das wird hier nur in Erinnerung gerufen, um das jetzige Elend Israels im Gegensatzbild zu zeichnen. Die Israeliten „wollten ja nicht auf seinen Wegen gehen und hörten nicht auf seine Gesellschaftsordnung“ (42,24). So wurden sie zum beraubten und ausgeplünderten Volk und wurden als Beute verschleppt (42,22). Sie wurden zum leidenden, ja getöteten Gottesknecht. Aber Jahwes Geschichtsplan gab sie nicht preis:

Es war Jahwes Wille, daß der von ihm Zermalmte, der, den er krank gemacht hatte,
wenn er nur ein Schuldopfer einsetzt,
Nachkommenschaft sehen und Zukunft haben soll,
und gerade durch seine Hand soll Jahwes Willen gelingen (53,10).

Der Tag der Heimkehr und Rettung, der der Tag von Gottes Wohlgefallen über seinen Knecht ist (Jes 49,8), bleibt aber nicht etwas, was dann nur Israel zum Heil wird. Vielmehr wird Israel, Jahwes Knecht, nach der Botschaft Deuterojesajas zum „Licht für die Völker“ (Jes 42,6 und 49,6). Die Wiederherstellung Jerusalems und der Städte Judas ist ja nicht nur äußerer Wiederaufbau. Der ist nur das Zeichen für die Wiedererrichtung des Bundes der Frühzeit (Jes 42,6 und 49,8), worin die Wiedererstellung Israels als Gottes vorbildhafter Gesellschaft eingeschlossen ist. Auf Israels Gesellschaftsordnung harren alle Völker, selbst die fernsten am Rand der Erdscheibe, die „Inseln" (Jes 42, 4), und aus seiner eigenen Rettung heraus bringt dann Israel allen Völkern das Recht (Jes 42, 1). Am Ende geht der Wille Gottes also durchaus auf das Heil aller Völker. Doch Gottes Idee ist es, allen Völkern die rechte Ordnung zu bringen im Durchgang durch die Heilung des einen, erwählten, zum Träger des Gotteswillens bestimmten Gottesknechtes Israel.

Diesen Geschichtsplan kündet Gott durch das ganze Werk des Deuterojesaja hindurch an. Er mag unserem menschlichen Denken eigentümlich und überraschend erscheinen, und Gott gibt es am Ende, fast in einer Art Selbstverteidigung, zu:

Meine Ideen sind nicht eure Ideen,
und eure Wege sind nicht meine Wege (Jes 55, 8).

Aber er bleibt dabei, daß sie die besseren und die überlegenen sind:

So hoch der Himmel über der Erde ist,
so hoch sind meine Wege über euren Wegen
und meine Ideen über euren Ideen (Jes 55, 9).

Der Grund für diese Überlegenheit liegt in der Wirkmächtigkeit. Gott ist wirklich in der Lage, seinen Plan durchzuführen:

Denn wie der Regen und der Schnee vom Himmel fällt
und nicht dorthin zurückkehrt,
sondern die Erde tränkt
und sie zum Keimen und Sprossen bringt
und neuen Samen dem Sämann und Brot dem Essenden spendet,
so ist es auch mit dem Wort,
das aus meinem Mund hervorgeht:
Es kehrt nicht leer zu mir zurück,

es macht aus meinem Willen Wirklichkeit,
ihm gelingt, wozu ich es ausgeschickt habe (Jes 55, 10f).

Ich zweifle nicht daran, daß im Gebetswunsch „Dein Wille geschehe“, den wir im Vaterunser beten, diese deuterojesajanische Vorstellung vom Willen Gottes als dem Geschichtsplan Gottes für seine Menschheit weiterklingt. Denn in den benachbarten Gebetswünschen werden die entsprechenden Leitwörter der anderen großen Prophetenbücher aufgegriffen, die letztlich das gleiche meinen. „Geheiligt werde dein Name“ hat vor allem die Geschichtsschau des Ezechielbuchs, speziell von Ez 36, im Auge. „Dein Reich komme“ greift die im Danielbuch ausformulierte apokalyptische Hoffnung auf das endgeschichtliche Handeln Gottes auf. Doch um diesen Sinn der Vaterunserbitte noch weiter zu sichern, müssen wir uns einigen Stellen aus der Evangelientradition zuwenden, wo Jesus vom Willen Gottes spricht.

Der Wille Gottes bei Jesus

Auch bei Jesus verbindet sich die Rede vom Willen Gottes sofort mit der Herauslösung einer bestimmten Gruppe aus der Allgemeinheit der menschlichen Gesellschaft – genau wie bei Deuterojesaja der Wille Gottes sich mit dem Volk Israel, und erst dadurch vermittelt mit der ganzen Menschheit verband.

Der erste wichtige Text findet sich bei Markus im 3. Kapitel. Das Matthäusevangelium und das Lukasevangelium haben den für spätere Generationen geradezu anstößigen Zusammenhang schon durch Streichungen gemildert, Lukas hat sogar das entscheidende Jesuswort, in dem dann vom Willen Gottes geredet wurde, umformuliert. Wir folgen jetzt der Markusdarstellung. Sofort nach den ersten Wundern und Erfolgen Jesu bahnt sich Gegnerschaft an. So konstituiert Jesus bald auf einem Berg einen engsten Jünger- und Mitarbeiterkreis (Mk 3,13–19). Durch die Zwölfzahl, die an die Zahl der zwölf Stämme Israels erinnert, erhebt er den Anspruch, das fortzuführen, was Gott bisher in seinem Volk Israel gewirkt hat. Unmittelbar anschließend spielt die Szene in einem Haus, in dem Jesus lehrt (3,20–35).

Markus stellt die Szene erzählerisch her: „Jesus ging in ein Haus, und wieder kamen so viele Menschen zusammen, daß er und die Jünger nicht einmal mehr essen konnten" (3,20). Ehe er dann aber die sich ergebende Diskussion mit den Schriftgelehrten, die von Jerusalem gekommen waren, beginnen läßt, führt er eine Nebennotiz ein, die schon das Ende und den Höhepunkt der Szene im Haus vorbereitet: „Als seine Angehörigen davon hörten, machten sie sich auf den Weg, um ihn in familiäre Gewaltverwahrung zu nehmen. Denn sie sagten: Er ist nicht mehr normal" (3,21). Genau diese Notiz, die natürlich später für die in den palästinensischen Gemeinden hohes Ansehen genießende Familie Jesu höchst peinlich war, haben Matthäus und Lukas dann weggelassen.

Was vor sich geht, ist eindeutig: Sowohl die gesellschaftliche Primärgruppe (die eigene Familie) als auch die gesellschaftliche Großgruppe (die Jerusalemer Autoritäten, die Fachleute zur Befragung nach Galiläa schicken) reagieren, weil hier jemand offenbar Menschen zu einer neuen gesellschaftlichen Wirklichkeit zusammenführt, die sich auf den geistigen Planquadraten der bisherigen gesellschaftlichen Bauskizzen nicht unterbringen läßt. Die Familie erklärt diesen Menschen in wohlverstandenem Eigeninteresse für verrückt und will ihn hütend, aber natürlich auch am weiteren Agieren hindernd in ihren abgeschlossenen Schoß zurückholen. Die öffentliche Autorität läßt ihre Theologen sofort die entsprechende ideologische Verteufelung verkünden: „Mit Hilfe des Anführers der Dämonen treibt er die Dämonen aus“ (3, 22).

Wir können die Antwort Jesu an die Theologen aus Jerusalem überspringen. Wie Jesus mit ihr fertig ist, sind nun die Autoritäten seiner Familie draußen an der Tür. Die Familie, besser: die Sippe, war damals noch in einem ganz anderen Maß die fundamentale gesellschaftliche Realität als es heute unsere ausgemergelte Kleinfamilie sein könnte. Während die Theologen aus Jerusalem immerhin mit Jesus diskutiert haben, betrachtete sich die Familie als zu viel autoritärerem Vorgehen berechtigt: „Da kamen seine Mutter und seine Brüder. Draußen vor dem Haus stehen bleibend ließen sie ihm ausrichten, er solle kommen“ (3, 31). Nun springt die Erzählung ins Haus hinein: „Um ihn herum saßen viele Menschen. Man sagte ihm: Da sind deine Mutter und deine Brüder. Draußen fordern sie, daß du kommst“ (3, 32).

Und nun vollzieht Jesus in hochrhetorischer, aber auch hochjuristischer antiker Rede die Scheidung von seinem bisherigen gesellschaftlichen Lebensboden: „Als Antwort sagte er: Wer ist meine Mutter und wer sind meine Brüder?“ (3, 33). Das war die Lossage. Nun folgt die Neuzuordnung zu einem neuen gesellschaftlichen Zusammenhang: „Er blickt umher auf die Menschen, die im Kreis um ihn herumsitzen, und sagt: Das ist meine Mutter und das sind meine Brüder“ (3, 34). Und dann fügt er noch einen einzigen Satz hinzu, der die neue Familie oder auch – wenn man das sofort so ausdehnen darf – die neue Gesellschaft nun inhaltlich definiert: „Wer den Willen Gottes ausführt, der ist mein Bruder und meine Schwester und meine Mutter“ (3, 35).

Es würde völlig am klaren Zusammenhang vorbeigehen, wenn man diesen Satz so verstünde, als habe Jesus hier allen, die die Gebote vom Sinai beobachten, die Ehrentitel Bruder, Schwester und Mutter zugesprochen. Welches Recht haben wir, daran zu zweifeln, daß Jesu Mutter und seine Brüder nicht treu das Gesetz vom Sinai beobachteten? Welches Recht, solche Zweifel bezüglich der Theologen aus Jerusalem aufkommen zu lassen? Und doch hat in dieser Situation offenbar die Familie Jesu keinen Bezug zum Willen Gottes. Sie sind draußen. Und nur die drinnen, die um ihn sitzen, ihm zuhören und sich mit ihm auf den Weg gemacht haben zu einem neuen Israel, sind die, die den Willen Gottes tun. Sie spüren, daß Gottes Traum sich zu realisieren beginnt, um diesen Jesus von Nazaret herum. Sie stellen sich hinein in Gottes Plan. Das zwingt die Trennung von der bisherigen Gesellschaft herbei und bewirkt das Entstehen einer neuen Gesellschaft.

Unterhalb dieser Deutung würde man hier der Rede vom Willen Gottes kaum gerecht.

Ähnliches gilt auch von einer anderen Schlüsselstelle der synoptischen Evangelien, die aus der „Logienquelle" stammt und von Matthäus und Lukas überliefert ist, dem sogenannten Jubelruf Jesu (Mt 11,25–27 und Lk 10,21 f). Für uns ist der erste Teil wichtig:

Ich lobpreise dich, Vater,
Herr des Himmels und der Erde,
daß du dies verborgen hast vor Weisen und Klugen
und es enthüllt hast ungebildeten Kindern.
Ja, Vater, so ist Wohlgefallen Wirklichkeit geworden vor dir (Mt 11,25f).

Der letzte Satz ist ganz semitisch. Die alttestamentliche Sprache für „Willen Gottes" schlägt voll durch. Der Gotteswille ist also etwas, das bestimmten Menschen verborgen bleibt, anderen aber enthüllt wird. Und dann zugleich: Dieser Vorgang der Scheidung zwischen solchen, die erkennen, und solchen, die nicht erkennen, ist gerade der Plan Gottes. Das gefällt Gott, daß gerade die sonst Verachteten und an den Rand Gedrängten für sein Werk in der Geschichte gesammelt werden und daß es nicht die sind, die bisher das Sagen hatten, weil sie den Bildungs- und Wissensvorsprung hatten. Hier steht göttlich vorentworfene Welt gegen menschlich selbstgeschaffenen Weltentwurf.

Die göttlich vorentworfene Welt wird zugänglich im Anschluß an Jesus. Das entfaltet der bei Matthäus auf den „Jubelruf" sogleich folgende Heilandsruf:

Auf, zu mir,
alle, die sich anstrengen und Lasten schleppen,
und ich werde euch Ruhe verschaffen.
Laßt euch das Joch von mir auferlegen
und lernt von mir,
denn ich bin sanft und habe ein demütiges Herz.
So werdet ihr Ruhe finden für eure Seelen.
Denn mein Joch drückt nicht
und meine Last ist leicht (Mt 11,28–30).

Hier ist die alte Bestimmung des Wesens des Menschen aufgegriffen, wie sie etwa in den mesopotamischen Mythen zu finden ist. Der Mensch ist das Arbeitswesen im Kosmos. Durch seine mühselige Arbeit ermöglicht er den Göttern das Leben der mühelosen Leichtigkeit und Ruhe. Das Joch und der Tragkorb sind die alten Symbole dafür. Die Götter haben sie den Menschen auferlegt. Diese Anthropologie spiegelt aber nur die Wirklichkeit der antiken Gesellschaften. Da war der Mehrheit der Bevölkerung Joch und Tragkorb auferlegt, damit es wenigen Menschen gut ginge. Für die Israeliten waren diese Symbole mit ihrem Sklavendasein in Ägypten verbunden, aus dem Gott sie herausgeführt hatte. Er hatte Israel dann in das ihm verheißene Land hineingeführt und ihm dort „Ruhe“ verschafft. Das Wort „Ruhe“ erinnert an alle Heilsgaben Gottes und Hoffnungen Israels.

Jesus greift die Rede von Joch und Tragkorb also auf und sagt, er habe ein anderes Joch und einen anderen Tragkorb anzubieten. Ein Joch, das nicht drückt, einen Tragkorb, der leicht ist – ja letztlich das genaue Gegenteil, nämlich die Gabe der „Ruhe“. Dies ist die Ansage einer Gegengesellschaft gegen alles, was es an erfahrbarer Gesellschaft damals gab.

Im Mittelteil des Spruchs wird angegeben, wie sie zustande kommen kann: indem man lernend sich Jesus angleicht. Während diejenigen, die in den menschlichen Gesellschaften die Joche auferlegen und die Lasten verteilen, hart sind und in ihrem Herzen immer von sich als den Großen denken, ist Jesus sanft und sieht sich nicht als den Höheren an. Geht man hier in die Lehre, dann entsteht eine neue Gesellschaft, in der alle gleich sind und alle jeweils vom andern her denken. Das verändert dann jedes Joch der Arbeit und jede Last, die getragen werden muß. Es verwandelt sie in „Ruhe“, den Inbegriff des Guten.

Man darf diesen Spruch nicht psychologisieren, sondern muß ihn mit seinen alten gesellschaftlichen Bildchiffren auch gesellschaftlich dastehen lassen. Ferner gehört er noch zur Explikation dessen, was vorher mit Wille Gottes gemeint war. Die von Jesus her entstehende Gegengesellschaft gegen alles Bisherige, den Menschen Versklavende und zum Stöhnen Bringende – das ist es, was Gott wohlgefällt.

Dies bedeutet nicht, daß es kein Leid mehr gibt. Nicht umsonst ist die Rede von Jesu Joch und Jesu Lastkorb. Jesus sagt nicht, er nehme Joch und Lastkorb einfach weg. Und der Ursprung des möglichen Leids ist auch schon deutlich: die an Jesus und dem Neuen, das er bringt, sich vollziehende Scheidung der Menschen.

Daher kann es dann geschehen, daß sich in der Nacht vor Jesu Tod der Wille des Vaters mit dem Kelch des Todes verbindet, den Jesus trinken muß, obwohl er mit letzter Kraft betet, daß er vielleicht doch an ihm vorübergehe (Mt 26,39.42; Mk 14,36; Lk 22,42). Hier ist für den entscheidenden Menschen Gottes Traum, Gottes Plan, Gottes heilschaffender Wille ganz und gar dunkel und tödlich geworden. Jesus hält sich an ihm fest, ohne daß ihm noch sichtbar wäre, wieso Gottes Wille auf Heil aus ist. Und doch sollten wir nicht daran zweifeln, daß Jesus Gottes Willen auch hier in den Zusammenhängen verstand, die ihm vorgegeben waren und die er selbst früher in seinem Tun und Reden herausgestellt hatte. Obwohl er nur Dunkel vor sich sah, glaubte er an das Vorhandensein eines letztlich das Heil meinenden Willens Gottes und ließ sich dahinein fallen.

In der synoptischen Tradition, die den historischen Jesus selbst noch durchscheinen läßt, sind es im ganzen gar nicht so viele Stellen, die vom Willen Gottes reden. Aber wie sich gezeigt hat, sind sie ganz zentral und fügen sich zum Gebetswunsch des Vaterunser um die Erfüllung des Willens Gottes. Dieser ist ja auch nicht eine Bitte, daß wir Betenden in die Lage versetzt werden sollten, Gottes Willen zu erfüllen. Vielmehr ist Gott das unausgesprochene Subjekt des Handelns. Der angesprochene Vater im Himmel wird aufgefordert, doch nun die Erfüllung der Zeiten heraufzuführen und seinen uralten Plan für die Welt, seinen „Willen", Wirklichkeit werden zu lassen. Entsprechend apokalyptischer Vorstellung heißt es dabei: „wie im

Himmel, so auf Erden". Gemeint ist, daß die Ereignisse der Endzeit gewissermaßen im Himmel, bei Gott, schon urbildlich existieren, und sie müssen nur auf die Erde unserer Geschichte hinuntergebracht werden. Gott träumt seinen Traum ja schon lange – im Himmel. Nun soll er endlich auf Erden Wirklichkeit werden.

Der Wille Gottes in den synoptischen Evangelien

Die urkirchliche theologische Weiterverarbeitung der synoptischen Erzähltradition hat die Bedeutung des Motivs vom Wohlgefallen = Willen Gottes, der durch Jesus sich zu verwirklichen beginnt, gesehen und noch deutlicher herausgestellt. In den beiden die Gestalt Jesu insgesamt deutenden theologischen Jesuserzählungen ist im entscheidenden Gotteswort jeweils von Gottes Wohlgefallen, das auf Jesus ruht, die Rede. In der Erzählung von der Taufe Jesu erklingt die Stimme aus dem Himmel, Jesus sei sein Sohn, sein geliebter, „an dem ich mein Wohlgefallen gefunden habe" (Mt 3,17 und Mk 1,11). Die gleiche Formulierung findet sich bei Matthäus auch für die Stimme, die in der Erzählung von der Verklärung Jesu aus der Wolke ertönt (Mt 17,5).

Lukas hat seinem Evangelium eine Jesu Gestalt im ganzen deutendeKindheitserzählung vorangestellt. Nachdem in ihr Jesus in Bethlehem geboren ist, singen die Scharen der himmlischen Heere über den nächtlichen Feldern, nun beginne „Ehre für Gott in den Höhen und auf Erden Friede unter den Menschen des Wohlgefallens" (Lk 2,14). Mit diesem Satz verbindet sich assoziativ ein nur bei Lukas aufzufindenes Jesuswort, zu dem man dann aber mehrere Stellen aus den neutestamentlichen Briefen vergleichen könnte (1 Kor 1,21; Gal 1,15; Kol 1,19):

Fürchte dich nicht,
du kleine Herde,
denn eurem Vater hat es gefallen,
gerade euch das Königreich (Gottes) zu geben (Lk 12,32).

Hier ist in Nachahmung der Kriegsorakel des Alten Testaments, die Gottes Hilfe beim Einzug in das verheißene Land zusagten, der Vorgang in der Menschheitsgeschichte angesprochen, in dem Gottes Lust und Wohlgefallen und Plan in die Wirklichkeit durchbricht – nur in völlig anderer Gestalt als in der eines Eroberungszuges.

Der Evangelist Matthäus scheint an einigen Stellen, die ihm allein eigen sind, die Rede vom Willen Gottes eher auf die Beobachtung der Gebote Gottes zurückzuentwikkeln. So zumindest ist doch wohl das spontane Verständnis der Sätze, die unmittelbar vor dem Schlußgleichnis der Bergpredigt stehen:

Nicht jeder, der zu mir sagt: Herr! Herr!,
wird in das Himmelreich kommen,
sondern nur der, welcher verwirklicht
den Willen meines Vaters, der im Himmel ist.
Viele werden an jenem Tag sagen:
Herr, Herr, sind wir nicht in deinem Namen als Propheten aufgetreten
und haben wir nicht mit deinem Namen Dämonen ausgetrieben
und mit deinem Namen viele Wunder vollbracht?
Dann werde ich ihnen antworten:
Ich kenne euch nicht.
Weg von mir, ihr Werkleute der Gesetzlosigkeit! (Mt 7,21–23)

Der Wille des Vaters im Himmel scheint hier doch wirklich mit dem „Gesetz“ identifiziert zu sein. Ähnliches scheint beim Gleichnis von den beiden ungleichen Söhnen der Fall zu sein:

Was meint ihr?
Ein Mann hatte zwei Söhne.
Er ging zum ersten und sagte:
Mein Sohn, geh und arbeite heute im Weinberg!
Er antwortete: Ja, Herr!, ging aber nicht.
Da wandte er sich an den zweiten Sohn
und sagte zu ihm dasselbe.
Dieser antwortete: Ich will nicht.
Später aber reute es ihn, und er ging doch.
Wer von den beiden hat den Willen seines Vaters verwirklicht?
(Mt 21,28–31)

Aber gerade hier zeigt die von Jesus selbst gegebene Auslegung des Gleichnisses, daß es sich keineswegs um die Erfüllung der moralischen Forderungen Gottes oder des „Gesetzes" aus dem Alten Testament handelt. Dazu besteht zwar ein echter Zusammenhang. Doch trotzdem geht es um jenen Willen Gottes, der in der Geschichte etwas Neues wirken will, dem man sich, sich von seinen bisherigen Wegen abkehrend, anschließen muß. Jesus sagt nämlich:

Amen, das sage ich euch:
Die Zöllner und die Dirnen ziehen noch vor euch in das Gottesreich.
Denn Johannes kam zu euch, um euch den Weg der Gerechtigkeit zu zeigen,
und ihr habt ihm nicht geglaubt.
Die Zöllner und die Dirnen aber haben ihm geglaubt.
Und ihr habt das gesehen,
doch ihr habt es auch nachher nicht bereut
und ihm nicht geglaubt (Mt 21,31f).

Der Wille des Vaters aus dem Gleichnis ist also der Aufruf Johannes des Täufers, sich auf den Weg der Gerechtigkeit zu begeben. Dies geschieht, indem man ihm glaubt. Die Rede vom Weg der Gerechtigkeit führt zugleich zur Bergpredigt zurück. Denn diese ist in der Sprache des Matthäus als die Wegweisung zur „Gerechtigkeit" bezeichnet (vgl. Mt 5,6.10.20; 6,1.33). Sie entwirft die Weise, wie die Jünger Jesu im Gegensatz zur restlichen Gesellschaft zusammenleben. So ist sie nichts als eine Beschreibung jener neuen gesellschaftlichen Wirklichkeit, die Gott schon immer erträumte und die er durch Johannes den Täufer und Jesus nun in die Geschichte einführt. Ihr gegenüber ist alles, was sonst in der menschlichen Gesellschaft vor sich geht, „Gesetzlosigkeit". Wer sich ihr nicht anschließt, mag im Namen Jesu als Prophet auftreten, Dämonen austreiben und Wunder wirken, er tut nicht den eigentlichen Willen des himmlischen Vaters und bleibt unter den Werkleuten der Gesetzlosigkeit. So ist der Wille Gottes bei Matthäus zwar durchaus ein auf die Einzelheiten des menschlichen Zusammenlebens gehender, wenn man will, „moralischer" Wille, doch er ist dies nur gewissermaßen innerhalb des noch umfassenderen Willens, daß Menschen Johannes und Jesus glauben und sich in jenen Kreis hineinnehmen lassen, der die neue Sozialordnung lebt.

Matthäus holt also jenes Element am „Willen Gottes" deutlicher heraus, das auch bei Deuterojesaja zur Sprache kam, wenn es dort hieß, es sei Jahwes Wille gewesen, „eine Gesellschaftsordnung groß und herrlich zu stiften" (Jes 42,21). Wenn der alttestamentliche Prophet dabei an die Israel am Sinai gegebene Sozialordnung dachte, dann hat Matthäus die Bergpredigt ja zweifellos als Gegenstück zu der Gesetzgebung am Sinai aufgefaßt. Im ganzen bleibt er also durchaus innerhalb jener Konzeption des Willens Gottes, die wir bei Deuterojesaja und bei Jesus antrafen.

Der Wille Gottes in den neutestamentlichen Briefen

Auch in den Briefen des Paulus und in den anderen neutestamentlichen Briefen ließe sich dieser Begriff des Willens Gottes aufweisen. Bei Paulus bestimmt er vor allem die heilsgeschichtlichen Ausführungen jener drei Kapitel des Römerbriefs, die um die Frage ringen, ob Gott das jüdische Volk verworfen hat und jetzt seinen Willen mit der Berufung der Heiden zu einem neuen Gottesvolk verbindet (Röm 9–11, vgl. vor allem 9,14ff und 11,30ff). Der Begriff des Willens Gottes verbindet sich hier mit dem des Erbarmens Gottes. Die Ausführungen enden im Lobpreis des Geheimnisses des Erbarmens Gottes, das sich zunächst den Heiden, dann aber durch sie auch wieder den Juden zuwendet und so am Ende alle umfaßt.

Der prominenteste Text der neutestamentlichen Briefliteratur über den Willen Gottes ist zweifellos der große und geradezu überschwengliche Hymnus am Anfang des Epheserbriefs (Eph 1,3–14). In ihm wird Gott gepriesen wegen des in seinem Sohn Jesus Christus gegebenen, vom Heiligen Geist getragenen Segens, den „wir" empfangen haben. Bei dem „Wir" handelt es sich um die den Hymnus singende Kirche.

Dieser Segen hat nun, wie im Mittelstück des Hymnus deutlich wird, vor allem zwei Aspekte: das, was uns jetzt schon zuteil wurde, und dann die Offenbarung des Geheimnisses dessen, worauf alles hinzielt. Beides aber ist die Erfüllung des „Willens Gottes". Der Hymnus gebraucht dabei miteinander verknüpft die verschiedenen Ausdrücke, die schon im Alten Testament den Willen Gottes bezeichneten.

So heißt es über das, was uns jetzt schon zuteil wurde:

In Liebe hat er uns im voraus dazu bestimmt,
seine Söhne zu werden durch Jesus Christus auf ihn hin,
gemäß dem Wohlgefallen seines Willens,
damit die Herrlichkeit seiner Gnade gepriesen wird,
mit der er uns begnadet hat in dem Geliebten,
in dem wir die Erlösung haben durch sein Blut,
den Nachlaß der Übertretungen,
gemäß dem Reichtum seiner Gnade,
mit der er uns überreich beschenkt hat (1, 4–8).

Hinter dem Wort von dem „Geliebten" im Zentrum dieser Passage steht ein hebräisches Wort, das gewissermaßen einen Ehren- oder Kosenamen des Volkes Israel darstellte. So meint das Wort hier im Hymnus Christus, aber im Sinn des Christus, der zugleich die Kirche ist. In diese Kirche hinein sind „wir" Söhne geworden, die Übertretungen, in denen wir vorher lebten, sind nachgelassen, wir sind von dem, was uns vorher beherrschte, erlöst, und dies alles durch den Tod Jesu Christi. So war der von Gottes Wohlgefallen geleitete Wille Gottes auf die Schaffung der Kirche mitten in der Welt aus gewesen.

Die Kirche selbst weist aber vom Willen Gottes her über sich hinaus. Sie ist nach Gottes Plan nur ein Durchgang auf Größeres hin, die Hineinholung von allem in die Christuswirklichkeit. Dieses Ziel ist noch nicht erreicht, und insofern ist es ein in Gott verborgenes Geheimnis. Doch uns in der Kirche hat Gott das Geheimnis schon geoffenbart:

In aller Weisheit und Einsicht
hat er uns wissen lassen das Geheimnis seines Willens,
gemäß dem Wohlgefallen,
das er im Hinblick auf Christus im voraus hatte aufkeimen lassen
für die Heraufführung der Zeitenfülle:
in dem Christus als dem Haupt das All zusammenzufassen,
das, was im Himmel ist, und das,
was auf der Erde ist, in ihm (1, 8–10).

So wie bei Deuterojesaja der Geschichtsplan Gottes darauf aus ist, in Israel sein Heil in die Welt zu bringen, damit von dort aus dann alle Völker am Heil Anteil haben können, so hat nach diesem Hymnus Gottes aus seiner Lust entsprossender Wille durch Jesus die Kirche geschaffen und offenbart jetzt in ihr das weiterreichende Geheimnis seines Planes, das auf das All als ganzes geht.

Im dann folgenden Stück des Hymnus geht der Blick wieder auf das „Wir" zurück, diejenigen, die jetzt schon in der Kirche am Heil Anteil haben. Das alttestamentliche Stichwort vom Los und Landanteil, den konkreten Gestalten der Heilsgabe Gottes im verheißenen Land, wird aufgegriffen, und dabei wird noch einmal das Stichwort vom Willen Gottes genannt, nun mit nochmals einem neuen griechischen Wort:

In ihm haben wir auch unser Los erhalten,
wir, die Vorausbestimmten nach dem Vorsatz dessen,
der alles ausführt nach dem Ratschluß seines Willens,
damit wir – zum Preis seiner Herrlichkeit –
solche sind, die schon zuvor in dem Christus Hoffnung hatten (1,11f).

Der sprachliche Überschwang dieses Hymnus ist für uns kaum nachzuvollziehen. Doch dürfte auf jeden Fall deutlich sein, in welchem Ausmaß das Thema des schon von Ewigkeit her in Gott aufblühenden Planes und Willens ihn bestimmt, und wie weit entfernt dieser Wille Gottes von dem ist, das wir gewöhnlich mit diesem Wort verbinden. Es ist nicht das moralische Gesetz, das wir befolgen sollten, und es ist auch nicht das übermächtige Schicksal, dem wir uns fügen müßten, sondern es ist gewissermaßen die Strategie Gottes, über Christus und die aus ihm erwachsende Kirche das ganze All in den Segen hineinzuholen.

Der Wille Gottes im Johannesevangelium

Im Johannesevangelium wird die bisher betrachtete Aussagenlinie unter zwei verschiedenen Stichpunkten weitergeführt. Die Rede vom „Wohlgefallen" Gottes, das auf Jesus und auf den Menschen, die sich ihm anschließen, ruht, geht über in die Rede von der „Liebe" des Vaters zu seinem Sohn und zu allen, die an ihn glauben. Daneben und mannigfach damit verschlungen läuft auch die Rede vom „Willen" des Vaters weiter und erhält neue Nuancen. Im folgenden sollen nur die Stellen behandelt werden, wo vom Willen des Vaters gesprochen wird – obwohl das Thema der Liebe des Vaters bei Johannes vielleicht noch zentraler ist. Aber es ist eher bekannt und kann hier als bekannt vorausgesetzt werden.

Nach dem Gespräch Jesu mit der Samariterin am Jakobsbrunnen kommen die Jünger, die etwas zu essen eingekauft haben, zurück, und die Frau läuft in den Ort, wo sie sofort die Leute dazu bringt, zu Jesus hinauszukommen. Währenddessen drängen die Jünger Jesus, zu essen.

> *Er aber sagte: Ich habe eine Speise zu essen, die ihr nicht kennt (Joh 4,32).*

Auf ihr Unverständnis hin erklärt er es ihnen:

> *Meine Speise ist, daß ich den Willen dessen tue, der mich gesandt hat,*
> *und daß ich sein Werk vollende (Joh 4,34).*

Hier erschließt uns sofort der Parallelismus von „Wille" und „Werk", daß es sich beim Tun des Willens Gottes sicher nicht um die Beobachtung des Sittengesetzes oder die Ergebung in das von Gott verfügte schwere Geschick handelt. Die „Werke", die der Vater dem Sohn zeigt und die der Sohn vor den Menschen tut, sind ein festes Thema des Johannesevangeliums. Es sind Jesu Zeichenhandlungen, und sie sind es, insofern sie die Menschen in den Glauben hineinführen. Hier wird, alles zusammenfassend, singularisch von dem „Werk" des Vaters geredet, wie vergleichbar nur noch in der Nacht vor Jesu Tod im Hohenpriesterlichen Gebet: „Ich habe dich auf der Erde verherrlicht und das Werk vollendet, das du mir zu tun gegeben hast" (Joh 17,4). Dieser Satz klingt dann weiter im letzten Wort des Sterbenden: „Es ist vollendet" (Joh 19,30). Es gibt also ein „Werk" Gottes par excellence auf dieser Erde und in dieser Geschichte, und es zur Vollendung zu führen ist dasselbe, wie den Willen Gottes zu tun.

Jesus entfaltet seine Aussage in den folgenden Versen weiter. Dabei schließt er sich gewissermaßen an das Ende der Schrift von Deuterojesaja und an ihr Bild vom Wort Gottes an, das als Regen fällt und dann die Erde sprossen läßt und den Menschen zur Nahrung wird (Jes 55,10f). Er sagt:

> *Sagt ihr nicht: Noch vier Monate dauert es, dann erst wird die Ernte kommen?*
> *Ich aber sage euch: Hebt eure Augen und seht die Felder – sie sind weiß für die Ernte!*
> *Schon nimmt der Schnitter seinen Lohn in Empfang*
> *und sammelt Frucht für ewiges Leben ein,*
> *so daß der Sämann wie der Schnitter sich zugleich freuen*
> *(Joh 4,35f).*

Das Wort bezieht sich auf das Gespräch mit der Samariterin zurück, das über die Aufhebung der Trennung von Juden und Samaritern ging. Sie wird dann eintreten, wenn der Messias kommt und die Menschen beginnen, Gott nicht mehr in Jerusalem oder auf dem Garizim anzubeten, sondern im Geist und in der Wahrheit. Die Samariterin war zum Glauben gekommen, und jetzt strömten vielleicht schon die von ihr herbeigeholten Bewohner des Dorfes über die Felder herbei und gaben den Hintergrund zu Jesu Bildwort ab. Nach der plausibelsten Auslegung ist der Sämann Gott selbst, und Jesus mit seinen Jüngern sind die Erntenden. Die „Ernte" ist ebenfalls ein altes Bild für Gottes erwartetes und definitives Handeln in der Geschichte. Hier ist sie aber nicht, wie oft in der Tradition, als Gericht gesehen, sondern als Einheimsen der zum Glauben an Jesus Kommenden in jenen neuen Bereich des Geistes und der Wahrheit, von dem vorher im Gespräch mit der Samariterin die Rede war. Darauf also geht der Wille dessen, der Jesus gesandt hat.

Dieser erste Text des Johannesevangeliums, der vom Willen Gottes handelt, entwirft sofort eine Perspektive, die nicht bei der Wiederherstellung Israels als dem ersten und entscheidenden Schritt des Werkes Gottes stehen bleibt, sondern die Größe Israel sprengt und die Bindung an Jerusalem aufgibt. Diese volle, letztlich auf alle Völker gehende Perspektive muß beachtet werden, da andererseits das Johannesevangelium bis in seine Aussagen über das Gericht nach der Auferstehung der Toten die verbleibende Scheidung zwischen denen, die geglaubt haben, und denen, die nicht geglaubt haben und deshalb gerichtet wurden, vertritt.

In den anderen Passagen des Johannesevangeliums, wo vom Willen Gottes gehandelt wird, werden bestimmte jetzt schon genannte Motive und Aspekte aufgegriffen. Die Stichworte „Werk Gottes" und „Speise" werden weitergeführt, der Aspekt des „Gerichts" wird explizit gemacht, das Bild vom Fruchtbringen wird entfaltet.

Nach der Brotvermehrung und der Stillung des Seesturms fragt man Jesus in der Synagoge von Kafarnaum:

Was müssen wir tun, um die Werke Gottes zu wirken?
Jesus gab ihnen eine Antwort. Er sagte:
Das ist das Werk Gottes, daß ihr an den, den jener gesandt hat, glaubt (Joh 6,28f).

Hier kommt also das Stichwort „Werk Gottes" wieder, das in Joh 4,34 die Rede vom Willen Gottes erläutert hatte. Und wie dort von der „Speise" die Rede war, so schließt sich hier die Rede vom wahren „Brot" (Joh 6,32–58) an. In ihrem Gang spricht die Rede folgerichtig auch in 6,36–40 wieder vom Willen Gottes.

Wichtig ist dabei der Zusammenhang. Im Zusammenhang mit Brotvermehrung und Eucharistierede kommt es zu einer deutlichen Scheidung gegenüber Jesus, die selbst die Gruppe der Jünger Jesu zerreißt (Joh 6,60–71). Es gibt die, die das Zeichen, die Vermehrung der Brote, sehen, die damit Jesus selbst im vollen Sinn sehen, und die glauben. Und es gibt die andern, die zwar sehen, aber nicht glauben (Joh 6,26.30.36). Daß er selbst nicht auf Scheiden, sondern auf Zusammenführen und Bewahren aus ist, erklärt Jesus durch sein Verhältnis zum Willen Gottes:

Alle, die der Vater mir gibt, werden zu mir kommen.
Wer zu mir kommt, den werde ich nicht nach draußen werfen.
Denn ich bin vom Himmel herabgekommen,
nicht, um meinen Willen zu verwirklichen,
sondern den Willen dessen, der mich gesandt hat.
Es ist aber der Wille dessen, der mich gesandt hat,
daß ich keinen einzigen von denen, die er mir gegeben hat, verliere,
sondern daß ich einen jeden am letzten Tag auferwecke.
Denn das ist der Wille meines Vaters,
daß jeder, der den Sohn sieht und an ihn glaubt, ewiges Leben hat,
und daß ich ihn am letzten Tag auferwecke (Joh 6,37–40).

Die erschreckende Tatsache, daß mit dem Kommen Jesu

ein Drinnen und ein Draußen entsteht, wird also als Faktum ins Auge gefaßt. Jesus hat nun die Frage: Habe ich es bewirkt, daß irgendeiner nicht drinnen, sondern draußen ist? Er beantwortet sie durch eine Reflexion auf sein Verhältnis zum Willen Gottes. Er ist ganz am Willen Gottes orientiert. Dieser aber geht ganz auf die Erzeugung des Drinnen. Gott will, daß Menschen sich Jesus anschließen und daß sie durch ihren Anschluß zu dauerndem Leben kommen, selbst über den physischen Tod hinaus.

Wenn jemand draußen bleibt oder verlorengeht, dann ist er Jesus gar nicht vom Vater zugeführt worden. Er war gar nicht in den Bereich des Gotteswillens hineingeraten. Gott hatte seinen Willen nicht auf ihn gerichtet, und so hatte Jesus auch den Willen Gottes an ihm nicht der Vollendung zuführen können.

Einen Schritt weiter gehen nun die Aussagen in Joh 5, wo der Wille Gottes auch mit dem Gedanken des Gerichts über die Ungläubigen verbunden wird. Das Tun Jesu ist in Bezug auf die einen Auferweckung und Verleihung von Leben, für die andern Gericht:

Wie der Vater die Toten auferweckt und lebendig macht,
so macht auch der Sohn lebendig, wen er will.
Auch richtet der Vater keinen,
sondern das ganze Gericht hat er dem Sohn übergeben
(Joh 5,21f).

Es bleibt syntaktisch letztlich offen, ob der Sohn lebendig macht, wen der Vater will oder wen er selbst will. Doch der Sache nach fällt das natürlich zusammen. Der Sohn will genau das, was der Vater will. Entscheidend ist hier jedenfalls, daß dem Lebendigmachen der einen das Gericht über die andern entspricht. Die Aussagen sind nicht endzeitlich, sondern meinen das jetzige Auftreten und Handeln Jesu. Wer Jesus hört und dabei dem Vater glaubt, der geht aus dem Bereich des Todes in den des Lebens über, und so etwas wie ein Gericht gibt es für ihn gar nicht (Joh 5,24). Die allgemeine Gesellschaft ist der Raum des Todes, demgegenüber der Raum um Jesus der des Lebens ist. Im Hintergrund könnte die Vision Ezechiels von der Belebung der Totengebeine (Ez 37,1–14) stehen. Denn auch dort wird nicht endzeitlich gesprochen, sondern von der Wiederherstellung Israels.

Erst in 5,27–30 wird dann nach dem Thema der Wiederbelebung das Thema des Gerichts aufgegriffen, und da zunächst apokalyptisch. Erst der abschließende Vers 30 geht auf das jetzt, beim Auftreten Jesu, sich schon vollziehende Gericht. Nach einem Wort Jesu im Gespräch mit Nikodemus ist das gar kein besonderer Gerichtsakt, sondern es vollzieht sich im Auftreten Jesu selbst. Stellen wir die beiden Texte sofort zusammen. Der deutlichere ist Joh 3,17–20:

Gott hat seinen Sohn nicht in die Welt gesandt,
damit er die Welt richtet,
sondern damit die Welt durch ihn gerettet wird.
Wer an ihn glaubt, muß sich keinem Gericht unterziehen.
Wer nicht glaubt, ist dadurch schon gerichtet –
weil er nicht an den Namen des einzigen Sohnes Gottes geglaubt hat.
Denn das Gericht besteht einfach in folgendem:
Das Licht ist in die Welt hineingekommen,
aber die Menschen hatten die Finsternis lieber als das Licht.
Ihre Werke waren nämlich böse.
Jeder, der Böses tut, haßt das Licht und kommt nicht ans Licht,
damit seine Werke nicht entschleiert werden.

Nach diesem Text vollzieht sich das Gericht gewissermaßen von selbst im freien Nichtglaubenwollen eines Teils der Menschen. Setzt man dies voraus, dann ist der zweite Text, Joh 5,30, gar nicht mehr so durchsichtig:

Ich kann nichts aus mir selbst tun.
Ich richte gemäß dem, was ich höre.
Mein Richten ist gerecht.
Denn ich suche nicht meinen Willen,
sondern den Willen dessen, der mich gesandt hat.

Wäre nicht der Text aus dem Nikodemusgespräch, dann läge es nahe, hier nun doch die Vorstellung von einem Richter auf dem Richterstuhl zu finden, der über einzelne Menschen im Hinblick auf deren vorangehende Taten gerechte Richtersprüche fällt. Das ist natürlich auch das Bild, von dem her formuliert wird. Aber man muß es im Zusammenhang des Johannesevangeliums wohl doch als ein sich selbst auflösendes und übersteigendes Bild betrachten. Daher ist es nicht richtig, sich Jesus hier gewissermaßen als einen Richter vorzustellen, der beim Akt des Richtens auf die Einflüsterungen seines himmlischen Vaters lauscht und dann dessen jeweiligen Willen in seiner richterlichen Entscheidung befolgt. Man muß den Satz vielmehr von hinten aufrollen und dabei jene Bedeutung der Rede vom Willen Gottes voraussetzen, die sich an den anderen Stellen schon gezeigt hat. Also: Jesu Tun ist ganz dem Willen und Werk Gottes verpflichtet. Darauf allein hört er. So sammelt er die an ihn glaubenden Menschen. Wenn Menschen nicht an ihn glauben, dann treten sie eben dadurch unter sein Gericht. Da sie das Gericht gewissermaßen selbst an sich vollziehen, ist es auch vollständig gerecht. Die Gerechtigkeit des Richtens Jesu ist dadurch garantiert, daß er eigentlich gar nicht richtet, sondern nichts kennt als die positive Leidenschaft, auf Gott zu hören und dessen positiven, heilschaffenden Willen zu tun.

Auf diese oder eine ähnliche Weise muß man Joh 5,30 wohl durchdenken, wenn man zugleich die Aussage in Joh

3, 17–20 mitdenken will. Daß dies berechtigt ist, zeigt sich an einer anderen Beobachtung. Der Vers 30 hat nämlich eine doppelte Funktion. Er beendet nicht nur die Aussagen über Jesus als Richter, sondern den ganzen ersten Teil der Rede Jesu nach der Erzählung von der Heilung des Gelähmten am Teich Betesda.

Die eigentliche Rede Jesu fing in 5, 19 an: „Der Sohn kann nichts aus sich selbst tun, sondern nur, was er den Vater tun sieht." Das geht natürlich auf das heilschaffende Wirken Jesu, im konkreten Fall auf die Heilung des Gelähmten. Genau dem entspricht in der Formulierung der Anfang von Vers 30: „Ich kann nichts aus mir selbst tun. Ich richte gemäß dem, was ich höre." Auslösend für die ganze Rede war, daß die Juden „suchten, ihn zu töten" (5, 18). Dem entspricht in Vers 30 als Gegenbild: „Ich suche nicht meinen Willen, sondern den Willen dessen, der mich gesandt hat." Daß man „suchte", Jesus zu töten, hängt wiederum an der vorangehenden Aussage Jesu: „Mein Vater ist noch immer am Wirken, und so bin auch ich am Wirken" (5, 17). Daß die Rede vom Werk und Wirken des Vaters mit der Rede vom Willen des Vaters zusammenhängt, hatte schon Joh 4, 34 gezeigt. Vers 30 greift also dieses erste Wort Jesu im Zusammenhang abschließend wieder auf, wenn dort vom Suchen des Willens Gottes die Rede ist.

Als rahmender Schluß des in 5, 17–19 begonnenen Redeabschnittes kann der Vers 5, 30 mit seinem Wort vom Suchen des Willens Gottes also nur den Blick auf Jesu entscheidendes Tun überhaupt zurücklenken, auf das „Werk" des Vaters, das zugleich sein Werk ist. Die voranstehende und den Vers formal noch beherrschende Aussage von Jesus als dem Richter wird auf diesen Grundsachverhalt zurückgeführt. Deshalb ist Joh 3, 17–20, die

Gerichtsaussage aus dem Nikodemusgespräch, in der Tat der Auslegungsschlüssel für diesen Vers. Und so fällt die Rede vom Willen Gottes hier nicht aus dem heraus, was sich sonst im Johannesevangelium findet.

Die beiden noch verbleibenden Stellen zum Willen Gottes sprechen nicht vom Verhältnis Jesu, sondern von dem der Glaubenden zu diesem Willen.

In Joh 7, 15–24 wird aus der Ferne noch einmal auf die Heilung des Gelähmten am Teich Betesda zurückgegriffen. Jetzt geht es um die Frage, wie man erkennen könne, daß Jesu Lehre über sich selbst denn von Gott sei. Jesu Antwort lautet: Laßt euch darauf ein, schließt euch mir an, und im Vollzug werdet ihr die Wahrheit meines Anspruchs erkennen. Er formuliert dies mit Hilfe des Begriffs des Willens Gottes:

Wenn jemand seinen (= des Vaters) Willen verwirklichen will,
dann wird er hinsichtlich der Lehre (des Sohnes) erkennen,
ob sie aus Gott stammt
oder ob ich von mir selbst her spreche (7, 17).

Das Kriterium, das sich bei dieser Überprüfung im Vollzug anbietet, ist das der „Ehre“. Wessen Ehre wird durch das Tun bewerkstelligt?

Wer von sich selbst her spricht, der sucht die eigene Ehre.
Wer aber die Ehre dessen sucht, der ihn gesandt hat,
der ist glaubwürdig,
und es gibt in ihm nichts Ungerechtes (7, 18).

Wer seinen eigenen Willen in den Willen Gottes hineinnehmen läßt, wer also nur noch für das Werk Gottes lebt, der ist nicht mehr auf eigene Ehre aus, sondern nur noch auf die Gottes, und dem geht auf, daß dies auch bei Jesus der Fall ist.

Von diesem Zusammenhang her wird deutlich, daß

auch eine letzte Stelle, an der eigentlich nur vom Willen der Glaubenden geredet wird, zu den Stellen über den Willen Gottes gehört. Sie steht in der Bildrede vom Weinstock, die den zweiten, vielleicht später eingefügten Teil der Abschiedsreden Jesu am letzten Abend seines Lebens eröffnet (Joh 15,1–8). Da heißt es:

Wenn ihr in mir (dem Weinstock) bleibt
und wenn meine Worte in euch bleiben,
dann erbittet nur, was immer ihr wollt –
es wird euch werden (15,7).

Diese absolute und uneingeschränkte Zusage der Erhörung des Gebets kann gerade deshalb gegeben werden, weil der Anschluß an Jesus ja bedeutet, daß man sich ganz den Willen des Vaters zu seinem einen, vom Sohn vermittelten Werk in der Geschichte zu eigen macht. Was man will, das ist dann das, was Gott will. Und Gott wird das, was er will, auch ins Werk setzen.

Zugleich macht der Zusammenhang dieses letzten Textes über den Willen Gottes im Johannesevangelium noch einmal deutlich, worum es in diesem Evangelium immer in solchen Zusammenhängen geht. Jesus als Weinstock, an dem alle Glaubenden die Rebzweige sind – das meint die Kirche. Der Wille Gottes geht durch das im Auftreten Jesu stattfindende Offenbarungsgeschehen hindurch auf die Wirklichkeit Kirche. Sie ist die Einheit der Glaubenden. Sie ist das Werk, das Gott verwirklicht. So ist sie der eigentliche Gegenstand des Willens Gottes.

Im Johannesevangelium wird besonders deutlich herausgestellt, daß Gott sie nur in einem Vorgang der Scheidung konstituiert. Es ist nicht jene erste Unterscheidung zwischen dem zunächst von Gott erwählten Volk Israel und den anderen Völkern, die etwa für Deuterojesaja den

Ausgangspunkt bildet. Das Johannesevangelium blickt sofort mit auf die zweite Phase, wo die Nichtjuden ebenfalls in die göttliche Ernte einbezogen werden. Doch quer durch diese altbekannten Stufen sieht es deutlicher als alle früheren Zeugnisse, daß es die Scheidung zwischen Glaubenden und den Glauben Ablehnenden geben wird. Es betrachtet diese Scheidung als so tiefgehend und unaufhebbar, daß sie sich bis über den Tod hinaus in die kommende Welt hinein durchhalten wird. Dies ist die besondere Härte der johanneischen Verkündigung vom Willen Gottes.

Hier beginnt die nie zur Ruhe kommende theologische Thematik der Prädestination. Das Johannesevangelium gibt für diese Diskussion zwei Wegweisungen, die vielleicht manchmal zu wenig beachtet worden sind: einmal, daß der Wille Gottes positiv und heilschaffend, und höchstens indirekt dadurch auch richtend ist, zum andern, daß er sich nicht auf den einzelnen Menschen, sondern auf Gottes Sohn und sein Werk in der Geschichte, die Kirche, bezieht.

Schlußgedanken

Ich habe am Anfang dieser Überlegungen meine persönlichen Erfahrungen mit der Rede vom „Willen Gottes“ zu beschreiben versucht, und sicher entsprechen sie den Erfahrungen vieler Leser. Im Durchgang durch die Bibel hat sich dann eine ganz andere Sicht dessen aufgedrängt, was wir „Willen Gottes“ nennen sollten. Es ist Gottes Traum von einem „Volk“, das in der menschlichen Geschichte zustande kommt und von dem her die ganze menschliche Gesellschaft in die Krise gerufen wird. Es ist Gottes Lust und Plan, die „Kirche“ zu schaffen.

Das übliche Verständnis des Willens Gottes ist damit nicht einfach als falsch vom Tisch des Denkens gefegt. Selbstverständlich sollte die Kirche nach Gottes Traum der Lebensraum sein, in dem Gottes sittlicher Wille, besonders auch in seiner gesellschaftlichen Dimension, zum Zug kommen kann. Da die Kirche, wie das Geschick Jesu selbst eindeutig zeigt, nur in einem Prozeß bis ins Letzte gehender Scheidung zustande kommt und die „Welt" zum Kampf gegen sie antritt, impliziert Gottes heilschaffender Wille für die, die sich von ihm ergreifen lassen, früher oder später immer auch Leid, Verfolgung, ja vielleicht gewaltsamen Tod. So hat er auch den Aspekt des von Gott verhängten schweren Geschicks – wenn auch in völlig anderem Sinn als unter der Voraussetzung einer undurchschaubaren und letztlich sinnlos verfügenden Schicksalsmacht. Auch der Individual- und Situationswille Gottes ist keine leere Aussage. Er ist vielmehr die jeweilige Konkretisierung des einen und großen, uns in seinem entscheidenden Inhalt geoffenbarten Gotteswillens.

Dadurch wird es überhaupt erst möglich, ernsthaft nach ihm zu fragen. Ohne das Wissen darum, was Gott im Großen und im Ganzen will, gäbe es kein Kriterium, das uns letztlich mit irgendeiner Gewißheit zur Erkenntnis des individuellen Willens Gottes führen könnte. Nur weil Gott uns von seinen Träumen für die Welt erzählt hat, können wir uns in unseren Gebeten gewissermaßen in sie hineinträumen – bis wir zu jenem Punkt kommen, wo Gott uns sagen kann, wir sollten ihn nur ruhig um das bitten, was wir wollen; er werde es erfüllen, denn er sei sicher, daß es gerade das sei, was er will.

Die richtige Gesellschaft

Eines der geläufigsten Wörter der heutigen Theologie lautet „Befreiung". Bei einer bestimmten Vorstellung von Befreiung erübrigt sich jede Frage nach einem „Wozu": wenn der Geist aus der widerständigen Materie befreit werden soll, das Ich aus dem endlos kreisenden Rad der Zeit, das Bewußtsein aus den Banden der Gegenständlichkeit. Da will man eine „Befreiung von etwas", die als solche schon ihr „Wozu" ist.

Vielleicht sucht man sie in der Meditation, vielleicht im Drogenrausch, vielleicht auch in einem angeblich christlichen Dulderharren auf ein besseres Dasein jenseits des Todes. In manchen Fällen könnte sogar die Rede von „Freiräumen" inmitten einer von Zwängen beherrschten Welt, die Sehnsucht nach heimlichen Nischen des Glücks, der Liebe, der Freundschaft inmitten unserer so unfreundlichen Gesellschaft nichts anderes sein als eine verschleierte Form dieser „Befreiung" ohne ein eigentliches „Wozu".

Es mag solche „Befreiung" geben. Oder man mag darüber streiten, ob es sie gibt oder nicht. Nur eines scheint mir klar: Das ist weder die Befreiung, in deren Namen auch in unseren Jahren überall auf unserem Planeten blutige Umwälzungen in Gang gesetzt werden, noch ist es die Befreiung, von der diejenigen jungen Menschen träumen, die trotz des Augenscheins der „sozialistischen" Länder sich schließlich doch dem Marxismus dieser oder jener

Schattierung verschreiben. Erst recht nicht ist es – und darauf kommt es jetzt an – Befreiung im Sinne der Bibel.

In allen diesen Fällen gibt es nämlich ein „Wozu“ der Befreiung. Es ist benennbar, wohin die Befreiung führen soll. Sie zielt auf eine neue Ordnung des Zusammenlebens der Menschen, auf eine neue Gesellschaft.

Zumindest unter den Christen Europas dürfte es ziemlich unbekannt sein, daß die Bibel auf eine neue Gesellschaft hinauswill. Das ändern auch keine Nachrichten über Lateinamerika, dortige Christen und ihre „Theologie der Befreiung“, selbst noch nicht deren Widerspiegelung in neuesten Erscheinungen unseres Katholizismus wie sogenannten Basisgemeinden und einer „Kirche von unten“.

Zwar reden wir seit dem Zweiten Vatikanischen Konzil gern vom „Volk Gottes“. Aber auch das haben wir schon wieder vergeistigt und zu einer Sache des Sonntags und des Kircheninnenraums gemacht. Daß die Bibel auf ein wirkliches „Volk“ aus ist, zwar anders als die Völker der Welt, aber ebenso real in seinem Volksein, ja noch viel realer – wer unter uns weiß das denn?

Deshalb soll im folgenden neu nach den biblischen Vorstellungen von der „richtigen Gesellschaft“ gefragt werden.

Das ist eine andere Fragestellung als die der üblichen kirchlichen „Gesellschaftslehre“. Denn diese möchte alle Menschen und insbesondere den Staat darüber belehren, wie eine gerechte Gesellschaft auszusehen habe. Solches ist eigentlich nicht direkt die Absicht der Bibel. In ihr gibt Gott weder den Pharaonen noch den Herrschern Mesopotamiens noch den römischen Kaisern irgendwelche Ratschläge, wie sie – um den mesopotamischen Zungenschlag zu gebrauchen – am besten ihre „schwarzköpfigen“

Untertanen als „gerechte Hirten" auf die Weide führen könnten.

Wenn die „christliche Gesellschaftslehre" derartiges unternimmt, ist das vermutlich nicht illegitim. Vielleicht hat es sogar Aussicht auf Erfolg. Es hat schließlich einen ägyptischen Josef gegeben. Er hat die Menschheit vor dem Hungertod gerettet. Der Preis war allerdings, daß er nun als verantwortlich gilt für die Einführung einer zwanzigprozentigen Ernteertragssteuer, die die Nilfellachen abzuliefern haben (Gen 47,13–26). Gott hatte – quer zu Josefs Beratungstätigkeit – mit ihm etwas ganz anderes im Sinn. Und das bezog sich auf die Schaffung eines „Volkes Gottes" (vgl. Gen 45,7; 46,3f; 50,20). Gott hat sich schließlich auch dieses Volk geschaffen: durch die Befreiung Israels aus „Ägypten, dem Sklavenhaus".

Um Gottes gesellschaftlichen Willen für dieses aus Ägypten herausgeführte Volk muß es uns gehen, wenn wir nach der biblischen Vorstellung von der richtigen Gesellschaft fragen – nicht um eine auf ihrer Ebene selbstverständlich ebenfalls berechtigte christliche Hilfestellung für die Pharaonen dieser Erde und ihre unermeßlichen Fellachenscharen.

Das Gemeinsame von biblischer und altorientalischer Gesellschaft

Es ist allerdings gar nicht so einfach, auseinanderzuhalten, was die Vorstellungen von einer richtigen Gesellschaft sind, die für die Völker der Welt entwickelt werden müßten, und was – davon unterschieden – die Vorstellung von jener richtigen Gesellschaft ist, die Gott in seinem aus den Völkern herausgegriffenen Volk verwirklichen will.

In beiden Fällen geht es ja um das Glück der Menschen, die der gleiche Gott geschaffen hat. So gibt es auch in den Texten der Völker und in den Texten der Bibel erstaunliche Parallelen. Das muß aller Unterscheidung voraus zunächst einmal zur Kenntnis genommen werden.

Als Vergleichstexte mögen Texte aus dem Bereich Mesopotamiens und Syriens dienen, weil die Bibel aus dem gleichen Kulturkreis kommt. Wir finden in beiden Bereichen die juristisch-rituelle Reproduktion des Befreiungsvorgangs, und wir finden in beiden Bereichen Idealentwürfe des glücklichen Zustands.

Die Bibel läßt die Urbefreiung aus Ägypten in jedem siebten und insbesondere dann in jedem neunundvierzigsten Jahr wiederholen. Da wird durch Rückfall des Landbesitzes an die ursprünglichen Besitzer die egalitäre Idealsituation wiederhergestellt. Die Sklaven werden entlassen, die Schulden gestrichen. Alles kann neu beginnen.

In Mesopotamien war es mancherorts für einen neuinthronisierten König eine Art Pflicht, in seinem ersten Regierungsjahr durch einen großen Gnadenerlaß „das Recht wiederherzustellen". Da wurden die Schulden gestrichen, und unerträglich gewordene Verhältnisse wurden durch Reformgesetze neu geregelt. Schon im dritten Jahrtausend vor Christus rühmt sich Urukagina von Lagasch, er habe durch seine Antrittsreform „die Freiheit eingesetzt" und dafür gesorgt, „daß dem Waisen und der Witwe der Mächtige nichts antue" (Inschrift B 12.13–25; ca. 2370 v. Chr.).

Die Waisen und Witwen sind neben den Armen die typischen Unterprivilegierten der altorientalischen Gesellschaften. Daß die Sorge um sie die biblischen Gesetze und die Prophetenschriften durchzieht, ist bekannt. Aber dasselbe gilt von den Texten der mesopotamischen Könige.

Ur-Nammu, der Gründer der 3. Dynastie von Ur (2112-2095 v. Chr.), rühmt sich im Prolog seines Gesetzbuchs: „Die Waise ist dem Reichen nicht mehr ausgeliefert, die Witwe ist dem Mächtigen nicht mehr ausgeliefert, der ‚Mann eines Schekels' ist nicht mehr dem ‚Mann einer Mine' ausgeliefert" (KU 262–268). Genau entsprechend rühmt sich Hammurabi von Babylon im Epilog seines berühmten Gesetzes (kurz vor 1786 v. Chr.): „Ich trug die Völker des Landes Sumer und Akkad an meinem Busen. Sie blühten unter meinem Schutz. Ich habe sie in Frieden regiert. Ich habe sie durch meine Weisheit beschützt. Kein Starker durfte den Schwachen unterdrücken. Gerechter Richterspruch mußte auch der Waise und der Witwe zuteil werden" (KH rev. 24, 49–61).

Auch für die biblische Beschreibung der ersehnten heilen Gesellschaft, die wir aus den verschiedensten Gattungen des Alten Testaments kennen, gibt es die Parallelen in den Belegen der mesopotamischen Königsideologie. Nur ein einziges Beispiel sei zitiert. In einem schmeichelnden Brief an den neuassyrischen Großkönig Assurbanipal (668–633 v. Chr.) führt der Briefschreiber aus, folgendes hätten die Götter dem König geschenkt:

„Eine glückliche Herrschaft –
Tage der Gerechtigkeit,
Jahre des Ausgleichs,
strömenden Regen,
hochgefüllte Flüsse,
blühenden Handel …
Die Alten tanzen,
die Jungen singen,
die Frauen und Mädchen
sind glücklich und lachen.
Man heiratet
ohrringgeschmückte Bräute,

zeugt Söhne und Töchter
und zieht sie selber auf.
Dem zum Tod verurteilten Verbrecher
hat der König das Leben geschenkt.
Wer schon viele Jahre im Kerker saß,
ist wieder in Freiheit.
Wer lange krank darniederlag,
ist gesund geworden.
Der Hungrige ist satt geworden.
Der Verlauste ist mit Öl gesalbt.
Der Nackte trägt schöne Kleider" (aus ABL 1, Nr. 2).

Hier, im letzten Wissen um das, was für die Menschen gut ist, können also die Unterschiede nicht liegen. Auch nicht darin, daß man sich immer wieder auf den Weg macht, um im Zusammenleben der Menschen das Gute herbeizuführen, und immer wieder versucht, ursprünglich reine Nullsituationen zu schaffen.

Im Grunde war hier der alte Orient mit seinen sehr radikalen Reform- und Erlaßjahren vielleicht weiter als wir, die wir das gleiche Bedürfnis zwar in der Konzeption einer ständig neue und bessere Gesetze produzierenden Legislative zum Zug bringen wollen, aber dann doch oft nur weiterkommen, wenn unhaltbare Zustände durch eine blutige Revolution von unten beendet werden. Denn ob die zu größerer Gerechtigkeit führt oder nicht doch nur zu einem Elitenaustausch, das ist dann stets die Frage. Aber indem wir so vergleichen, vergleichen wir im Grunde einander ebenbürtige Gesellschaftskonstruktionen und gesellschaftliche Konstruktionstechniken der Völker der Welt. Was unterscheidet nun dennoch alle diese Gesellschaften noch einmal von jener Gesellschaft, die Gott stiften wollte?

Tasten wir uns zu den Anfängen einer Antwort hin, indem wir – zunächst noch beim Vergleich der Bibel mit Zeugnissen aus der mesopotamischen Kultur verbleibend – uns einem der wichtigsten Indikatoren von Gesellschaftsordnungen zuwenden, dem Recht. Wir können uns dabei auf den Vergleich des biblischen Rechts mit dem großartigsten Gesetzeswerk, das der alte Orient uns hinterlassen hat, beschränken: dem Kodex Hammurabi.

Bei einem solchen Vergleich wäre es falsch, Einzelregelungen aufzurechnen. Die können verschieden sein und doch das gleiche bezwecken. Oder sie können sich wörtlich gleichen und im Gesamtsystem doch verschiedene Funktionen haben. Auch Unterschiede zivilisatorischer und kultureller Evolutionshöhe müssen wir bewußt ausschalten. Das Recht Mesopotamiens spiegelt selbstverständlich die Spitze frühantiken Menschheitsfortschritts, es stammt ja aus dem Zentrum einer der ersten Hochkulturen. Israel dagegen gehört zum Randbereich der gleichen Kultur und partizipiert an ihr aus der Ferne und gewissermaßen nachhinkend. Das reflektiert sich selbstverständlich auch im Recht. Gewisse Entwicklungen, etwa in der Emanzipation der Frau, sind einfach noch nicht so weit, und gewisse Komplexitäten des Zusammenlebens werden noch nicht vorausgesetzt.

Dies alles müssen wir durchsichtig machen auf unsere Fragestellung, die, wie sich zeigen wird, zu einem keineswegs von einem Evolutionsschema her erklärbaren Bild führen wird. Es ist die Frage nach der aus der Gesamtheit des jeweiligen Rechts hervorscheinenden Grundidee der Gesellschaftskonstruktion. Die Unterschiede, auf die sie uns führt, lassen sich vielleicht unter drei Gesichtspunkten zusammenfassen: die Wertung des Privateigentums, die Einstellung zur sozialen Schichtung der Bevölkerung, der Stellenwert des Staates.

Das Privateigentum

Das Kräfteverhältnis zwischen Staats- und Tempelwirtschaft einerseits, Privatwirtschaft andererseits ist in Mesopotamien in den verschiedenen Epochen sehr unterschiedlich gewesen, und es gibt da auch keine einlinige Entwicklung. Sowohl vor als auch nach der Hammurabizeit hat es Perioden gegeben, in denen fast der gesamte Grund und Boden und damit auch fast die ganze Wirtschaft in der Hand des Staates und der Priesterschaft war und die Masse der Bevölkerung in deren Diensten stand. Aber wenn schon gerade die Hammurabi-Periode als ein Höhepunkt mesopotamischer Gesellschaftsentwicklung betrachtet wird, dann ist es bedeutsam, daß damals eine Art Gleichgewicht zwischen den verschiedenen Kräften herrschte und daß das Recht, das entwickelt wurde, sich in einem ganz erstaunlichen Ausmaß gerade um die Sicherung des privaten Vermögens kümmerte.

Nichts nimmt in Hammurabis Gesetzbuch einen so breiten Raum ein wie die vermögensrechtlichen Bestimmungen. Der Schutz des Eigentums gehört zu den tragenden Rechtsprinzipien dieser Gesetzgebung. Das zeigt sich zum Beispiel daran, daß auf Diebstahl die Todesstrafe steht, und zwar sowohl auf Diebstahl an Palast- und Tempeleigentum (§ 6, gemildert in § 8) als auch an Privateigentum (§§ 9, 10, 21 Einbruch, 22 Raub, 25 Diebstahl bei Bränden). Ja, es geht noch weiter: Für größere Kaufgeschäfte, wo es um Sklaven oder um Vieh geht, ist eine ganz bestimmte Rechtsform vorgeschrieben, mit Zeugen und schriftlicher Urkunde; läßt sich bei bestrittenem Besitz deren Einhaltung nicht nachweisen, dann gelten die gleichen Regeln wie bei Diebstahl, das heißt die Todesstrafe ist verwirkt (§ 7).

Im biblischen Recht gibt es das alles nicht. Dort stehen auf Diebstahl stets nur Vermögensstrafen, und diese halten sich in leistbaren Maßen. Ein eigenes Gesetz (Dtn 23,25 f) erklärt den Mundraub sogar als straffrei.

Auch das Obligationenrecht, das heißt die Bestimmungen über die Folgen der Veruntreuung anvertrauten Guts, sind im Kodex Hammurabi für den Verwahrer entschieden ungünstiger, für den Eigentümer entschieden vorteilhafter als in der Bibel. Der Verwahrer muß auf jeden Fall alles zurückgeben oder ersetzen, auch wo kein Verschulden seinerseits vorlag.

Dieses Denken vom Eigentümer her wird noch deutlicher, wenn man beachtet, daß manche Rechtsgeschäfte im biblischen Recht gar nicht vorkommen, während sie in Mesopotamien eine große Rolle spielen. So gibt es im alttestamentlichen Recht keine Landverpachtung. Was bedeutet das? Verpachtung setzt voraus, daß der Eigentümer nach Belieben über Grund und Boden verfügen kann. Er kann ihn selbst bearbeiten, kann ihn verkaufen, kann ihn auch verpachten. In Israel gab es offenbar diese freie Herrschaft des einzelnen über den Boden nicht.

Das heißt nun aber nicht – was in Mesopotamien die Alternative gewesen wäre –, daß der Boden Staats- oder Tempelbesitz gewesen wäre. „Mein ist das Land", sagt Gott in einem wichtigen Text (Lev 25,23). Das meint konkret: Gott hat den Boden den einzelnen israelitischen Sippen anvertraut. Sie sollen ihn bewirtschaften und davon leben und können sich dem nicht durch Veräußerung oder Verpachtung entziehen. Gerät ein Familienbesitz, etwa durch Verschuldung, doch in andere Hände, so muß dieser Zustand möglichst bald durch sippeninterne Hilfe (die sogenannte „Auslösung“) oder spätestens dann durch die Automatik des 49. Jahres wieder rückgängig gemacht werden. Bei den mesopotamischen Gnadenjahren im ersten Jahr eines Königs gab es zwar Schuldenerlaß, aber nicht eine derartige Wiederherstellung egalitärer Grundbesitzverhältnisse.

Daß das Land eigentlich kein Privatbesitz ist, zeigt sich auch an anderen Bestimmungen des biblischen Rechts. Der Bauer darf sein Feld nicht bis zum Letzten abernten und an den Weinstöcken keine Nachlese halten. Die Armen, ja die wilden Tiere sind gewissermaßen Mitbesitzer und müssen auch noch ihr Teil finden. Dies gilt auch in jedem siebten Jahr, wo Acker, Weinberg und Ölhain vom Besitzer gar nicht abgeerntet werden (Ex 23,10f; Lev 19,9f; 25,2–7; Dtn 24,19–22).

Dies sind alles nur Beispiele dafür, daß die biblische Gesellschaft, im Gegensatz zum sachbesitzorientierten Kodex Hammurabi, von der Sippe und vom ganzen Volk her denkt und gegen die Tendenz zur Verdinglichung der menschlichen Beziehungen angeht.

Die gesellschaftlichen Klassen

Diese Verdinglichung ist in allen antiken Gesellschaften schon tief in die menschlichen Verhältnisse selbst eingedrungen: Es gibt soziale Schichten, ja Klassen.

Die Gesetzgebung Hammurabis ist Klassenrecht. In vielen Fällen sind die Straffolgen verschieden, je nachdem, ob der Schuldige ein Awilum, d. h. ein freier Grundbesitzer, ein Muschkenum, d. h. ein vom Tempel oder Palast Abhängiger (die genaue Definition dieser Gruppe ist in der Forschung immer noch sehr umstritten) oder ein Sklave ist. Verletzt man einen Awilum, so gilt z. B. das Talionsprinzip („Auge um Auge, Zahn um Zahn usw."), verletzt man einen Muschkenum, dann kommt man mit Geldstrafen davon, verletzt man einen Sklaven, so ist der Gesichtspunkt der, daß man dem Besitzer des Sklaven die eingetretene Wertminderung seiner Arbeitskraft angemessen ausgleichen muß, mehr nicht.

Im biblischen Recht werden nur zwei Klassen greifbar, Freie und Sklaven, und die Tendenz der Sklavengesetzgebung läuft dahin, auch von diesem Klassenunterschied wegzukommen. Schuldsklaven müssen nach einer bestimmten Zahl von Jahren freigelassen und dabei so ausgestattet werden, daß sie eine eigene Existenz anfangen können (Ex 21,2–6; Dtn 15,12–18).

Für eine Sklavin gilt das im älteren „Bundesbuch" (Ex 21) noch nicht, wohl aber dann im deuteronomischen Gesetz (Dtn 15). Man sieht, in welche Richtung die Entwicklung läuft.

Jemand, der seinen Sklaven körperlich verletzt, muß ihn freilassen; wenn er ihn tötet, verfällt er, genau wie wenn er einen Freien getötet hätte, der Blutrache (Ex 21,20 f.26 f).

Entläuft ein Sklave seinem Herrn, so kennt der Kodex Hammurabi verschiedenste harte Mittel, um dem Herrn möglichst wieder zu seinem Besitz zurückzuverhelfen (§§ 16–20). Das biblische Recht behandelt diesen Fall gar nicht, wohl aber kennt es eine Bestimmung, nach der man entlaufene ausländische Sklaven nicht ausliefern darf, sondern ihnen Asyl gewähren muß (Dtn 23,16 f).

In der zeitlich jüngsten Schicht des israelitischen

Rechts, der sogenannten priesterlichen Gesetzgebung des Buchs Levitikus, ist es dann soweit, daß grundsätzlich kein Israelit mehr als Sklave gehalten werden darf; auch wenn er so verschuldet ist, daß er eigentlich Schuldsklave wäre, darf er nur wie ein Tagelöhner behandelt werden (Lev 25, 39–55). Damit es möglichst gar nicht zu solchen Situationen kommt, darf man grundsätzlich, wenn man einem Mitisraeliten Geld leiht, keinen Zins nehmen (Ex 22, 24; Dtn 23, 20f; Lev 25, 35–38).

In der priesterlichen Gesetzgebung ist auch eine andere Gruppe minderen Rechts, die früher nicht grundbesitzfähigen Schutzbürger – unseren Gastarbeitern vergleichbar –, praktisch den Israeliten gleichgestellt. Von ihnen gilt ebenso wie vom israelitischen Nachbarn („Nächsten"): Man soll sie lieben wie sich selbst (Lev 19, 18.34).

So können wir definitiv sagen, daß das biblische Recht ein sich entwickelndes gesellschaftliches Bewußtsein spiegelt, das auf die Aufhebung der damals überall anzutreffenden sozialen Klassen aus ist, während das mesopotamische Recht eher bestrebt ist, die vorhandenen Schichtungen zu schützen und zu befestigen.

Der Staat

Die Spitze einer hierarchisch aufgebauten Klassengesellschaft bildet die politische Führungselite, im alten Orient der König und sein Hof. Und damit kommen wir zum frappierendsten Unterschied zwischen dem Gesetzbuch Hammurabis, aber auch allen anderen Rechtsbüchern des alten Orients, und dem biblischen Recht.

Das altorientalische Recht ist faktisch weithin Gewohnheitsrecht gewesen, aus der Rechtsprechung in den

Gerichten erwachsen. Doch da, wo es in Rechtssammlungen gipfelt, erscheint es als Recht aus der Autorität des Königs. Der Kodex Hammurabi hat einen großen, in hymnischer Sprache gehaltenen Prolog und einen entsprechenden Epilog, in denen das deutlich herausgestellt wird. Es ist der König, der im Auftrag der Götter die Menschen weidet und gerechte Ordnung durch die harte Hand seiner Macht auf der Erde herstellt. Man müßte den ganzen Prolog lesen, um ein Gefühl dafür zu vermitteln, welch unglaublich starkes Staatsbewußtsein dieser Weltreicherbauer hatte und durch seine Gesetzesstele auch seinen Untergebenen zu vermitteln versuchte.

Dem stehen die völlig anders beginnenden biblischen Gesetze gegenüber. In ihnen kommt der Staat nicht vor. An einer einzigen Stelle, im Buch Deuteronomium, gibt es ein Königsgesetz – doch seine Absicht ist nur, dann, wenn es in Israel tatsächlich doch einmal zu einem Königtum kommen sollte, dessen Macht möglichst einzuschränken und den König darauf zu verpflichten, trotz seiner Vorzugsstellung sich nicht über seine „Brüder", und das meint: über alle anderen Israeliten, zu erheben (Dtn 17,14–20). Und sonst wird vom Staat geschwiegen. Es gibt ein Heiligtum, um das Israel sich versammelt, und es gibt dort einen Hohenpriester. Aber der Staat fehlt.

Hier ist eine Gesellschaft ohne Zentralinstanz entworfen – menschlich gesprochen. Theologisch allerdings gar nicht. Diese Gesellschaft hat eine eindeutige Spitze. Es ist Israels Gott Jahwe. Die in diesem Recht sich spiegelnde Gesellschaft ist als „Gottesherrschaft" konzipiert, was aber nun einmal das Nichtvorhandensein menschlicher Herrschaft und Macht bedeutet.

Wenn das Gelingen menschlicher Gesellung von der Negation der als Staat auftretenden menschlichen Herrschaft und Gewalt erwartet wird, muß man vielleicht doch wenigstens einmal kurz historisch fragen: Wer oder was steht eigentlich hinter solchem biblischem Rechtsentwurf? Denn die Darstellung im Pentateuch, nach der das gesamte biblische Recht Israel am Sinai geoffenbart und teils sofort verkündet, teils von Mose kurz vor dessen Tod im Land Moab mitgeteilt wurde, dürfte ja eher eine nochmalige Versicherung dessen sein, daß Israel sich als Gottesherrschaft versteht, als eigentlich historischer Bericht.

Wer ist das Subjekt des biblischen Gesellschaftsentwurfs?

Man möchte, läßt man die Fiktion von der totalen Rechtsverkündigung am Sinai hinter sich, zunächst annehmen, in den Gesetzen des Pentateuch habe sich im Laufe der Zeit akkumuliert, was in Israel in den verschiedensten Perioden seiner Geschichte Rechtens war. Doch damit paßt das Nichtvorhandensein des Staates nicht recht zusammen. Denn es gab ja in der Geschichte Israels lange Zeit die Wirklichkeit „Staat". Saul präludierte, David schuf ein Großreich, Salomo baute es aus, dann zerbrach es, doch durch Jahrhunderte existierten dann zwei Reiche, Israel und Juda, nebeneinander. Nach mehreren Jahrhunderten nichtstaatlicher Existenz gelang dann im zweiten Jahrhundert vor Christus der makkabäische Aufstand, und es kam zur Bildung des Hasmonäerstaats, dem erst die Eingliederung Judas in das Römerreich unter Pompejus ein Ende setzte. Nach der üblichen Geschichtsschreibung bemühte man sich in den Jahrhunderten, in denen man fremder Herrschaft unterworfen war, doch um so viel Staatlichkeit wie möglich, und immer wieder flackerte zwischendurch der Wille nach Unabhängigkeit auf. Wie ist bei einem solchen Geschichtsverlauf ein doch offenbar als kanonisch betrachteter Rechtsentwurf zu erklären, in dem der Staat übergangen wird?

Daran, daß man eine solche Frage stellen kann, wird deutlich, daß die Bibel als Buch nicht einfach die Dokumentation von Siegergruppen ist. Genauer gesagt: Sie spiegelt zumindest nicht einfach diejenigen Gruppen und Mächte, die eine heutige profane Geschichtsschreibung, die selbst insgeheim natürlich von einem ganz bestimmten Leitbild auch des Verhältnisses von Staat und Gesellschaft gelenkt wird, als die entscheidenden betrachten muß.

Zwar ist recht viel aus der davidisch-salomonischen Hofschriftstellerei erhalten geblieben. Auch der spätere Messianismus hat sich mancher alter Texte aus dem Staatsritual bedient und sie so in die Bibel hineingebracht. Aber was einmal zur größeren Ehre des Staates verfaßt worden war, ist jetzt in Zusammenhänge eingearbeitet, die von woanders herkommen und von anderem getragen werden als vom Wunsch nach staatlicher Machtentfaltung.

Wenn wir nach den Gruppen fragen, aus deren Geschichte die biblischen Gesetze stammen, geraten wir eher in eine Geschichte des Untergrunds und der Opposition hinein als in eine Geschichte der siegreichen Eliten.

Die Sachverhalte seien im folgenden nur angedeutet, da im nächsten Kapitel noch einmal ein Durchblick durch die Geschichte Israels gerade unter der Rücksicht der Einstellung zur Staatlichkeit gegeben werden soll.

Zunächst scheint es mir wichtig, daß man die wahre Geschichte Israels nicht erst mit David und Salomo beginnen läßt. Solange man die Geschichte Israels unter dem Leitbild der Staatlichkeit zu schreiben pflegte, waren die Jahrhunderte vor David natürlich nur anarchische Vorstufen, gewissermaßen Israels Kindheit und Pubertät. Es hat dann in der ersten Hälfte unseres Jahrhunderts eine Sicht gegeben, die zum erstenmal der israelitischen Gesellschaft der Richterzeit einen in sich ruhenden Wert zuerkannt hat, ohne Maß an dem später geschaffenen Staat zu nehmen. Man sprach von einer Stämmeamphiktyonie und zog die Analogie griechischer Amphiktyonien heran. Inzwischen hat sich gezeigt, daß dieser Vergleich in wesentlichen Punkten versagt. Daraus resultierte eine Art von historischem Agnostizismus hinsichtlich der gesellschaftlichen Gestalt des vordavidischen Israel. Er bestimmt heute die Vorstellungen der Alttestamentler und verbindet sich oft mit einer extremen Tendenz der Spätdatierung alttestamentlicher Textschichten. Ich glaube, daß wir noch über genügend Quellen für die Frühzeit verfügen und daß wir inzwischen andere Analogien als die griechischen Amphiktyonien angeben können, die die offenbar nichtstaatliche und doch funktionierende Großgesellschaft Israel in der Richterzeit verständlich machen. Es handelt sich um die segmentären und ohne jede Zentralinstanz bis in unser Jahrhundert hinein funktionierenden Gesellschaften vieler afrikanischen Völker.

Nichtstaatlich gefaßte Großgesellschaft ist also möglich, und offenbar liegt ein solches Phänomen im vorstaatlichen Israel vor. Es gab dabei wohl ein ausgesprochen egalitäres Pathos. Die Stämme Israels betrachteten sich als Gegenbild zu den kanaanäischen Stadtstaaten und dem auch ihr Gebiet noch beanspruchenden Kolonialstaat Ägypten. Ihr Ethos konzentrierte sich im Bild des Gottes, dem sie ihre Freiheit zuschrieben und den sie deshalb als ihren Gott verehrten: Jahwe.

David hat diese Gesellschaft, damit sie gegen die Philister überleben konnte, in einen Staat verwandelt. Sie hat überlebt, aber nicht mehr als sie selbst. Doch das erklärt, warum sofort unter David Widerstand gegen das Königtum aufkam. Hinter dem Widerstand stand das alte gesellschaftliche Ideal. Er setzte sich aber nicht durch, wenn er auch zum Auseinanderbrechen des davidischen Großreiches nach dem Tod Salomos beigetragen haben dürfte. Die Familien und Gruppen, die sich mit den staatlichen Verhältnissen nicht abfinden konnten, mußten für Jahrhunderte in den Untergrund gehen. Den scheint es in der Tat gegeben zu haben, und in ihm dürfte wohl schon bald das älteste Gesetzbuch der Bibel aufgezeichnet worden sein, das sogenannte Bundesbuch (Ex 20–23). Denn es scheint eine Aufzeichnung von Rechtstraditionen der vorköniglichen Zeit zu sein, die mit einem gegen Jerusalem gerichteten Akzent offenbar dann vorgenommen wurde, als dieses Recht unterzugehen drohte. Durch die Aufzeichnung wollte man es in bessere Zeiten retten.

An den Traditionen dieses der vorköniglichen Zeit nachtrauernden Untergrunds nährten sich offensichtlich auch die Propheten der Königszeit, die sich wegen ihres Gottes Jahwe und seines gesellschaftlichen Willens niemals mit den herrschenden Ordnungen abfinden konnten und immer wieder mit sozialer Kritik hervortraten.

Als das Nordreich schon untergegangen war und es auch mit der Staatlichkeit des Südreichs dem Ende zuging, versuchten die letzten Könige von Jerusalem, vor allem Hiskija und Joschija, zu retten, was zu retten war, indem sie ihren Staat vom alten brüderlichen Jahwerecht her neu konstruierten. Man nennt das heute die deuteronomische Reform. Ihr verdanken wir das zweite wichtige Gesetzbuch der Bibel: das Deuteronomium.

Das Unternehmen lief auf die Quadratur des Zirkels

hinaus. Schon der erste Nachfolger Joschijas war wieder ein Vollblutkönig – ein Mann der Gewalt und der Ausbeutung der unteren Klassen. Seinem Zeitgenossen Jeremia blieb nichts übrig, als den Untergang Jerusalems anzukünden, der auch eintrat.

Aus der Selbstbesinnung einer deportierten Elite, die weder den Gott Jahwe noch seinen sozialen Willen vergessen konnte, ging dann jene substaatliche Realität hervor, die die nachexilische Geschichte Israels bestimmte: die judäische Tempelgemeinde in und um Jerusalem herum. Man sagte Ja dazu, staatlich unter dem Dach des herrschenden Großreiches, zunächst dem der Perser, zu leben, und versuchte, in dem unterstaatlichen Bereich dieser um einen Tempel herum angelegten kleinen Provinz Judäa nun die richtige Gesellschaft unter der Herrschaft Jahwes zu errichten. Diesem Impetus verdanken wir das sogenannte Heiligkeitsgesetz (Lev 17–26), ja die ganze priesterliche Gesetzgebung des Pentateuch in den Büchern Exodus bis Numeri. Das heißt, daß überhaupt der Pentateuch damals als Rechtsbuch Israels, als die „Tora", seine Gestalt erhielt.

So sollte kein Zweifel bestehen: das Recht des Alten Testaments entstammt nicht einer staatlichen, sondern einer dem Staat gegenüber höchst skeptischen Konstellation. Die egalitäre Gesellschaft der Richterzeit stand gegen die Stadtstaaten Kanaans. Der Untergrund der Königszeit haßte das Davidsreich und sein Nachfolgegebilde. Die deuteronomische Bewegung versuchte zwar Staat und Urideal Israels zu versöhnen, doch das mißlang. Die nachexilische Gemeinde fügte sich bewußt dem jeweiligen Großreich ein, um innerhalb desselben die Freiheit zu gewinnen, das alte Ideal zu verwirklichen.

Die Geschichte ging auch auf diesen Linien weiter. Die

makkabäische Freiheitsbewegung wollte wieder auf einen eigenen Staat hinaus. Der Staat, der entstand, scheiterte ebenso wie der jüdische Aufstand, dem im Jahre 70 n. Chr. der zweite Tempel zum Opfer fiel, und der Aufstand von Bar Kochba.

Unter den Gegenbewegungen zu all diesen „messianischen“ Tendenzen befindet sich auch die in einem völlig anderen Sinn „messianische“ Jesusbewegung. In ihr ist der alte gesellschaftliche Wille wiederum voll da. Ihr geht es keineswegs um das Heil des je einzelnen Menschen, sondern um das endzeitliche „Israel“. Das auch heute noch keineswegs überwundene Jesusbild der bürgerlich-liberalen Leben-Jesu-Forschung des vorigen Jahrhunderts verstellt uns fast völlig den freien Blick auf diesen Sachverhalt.

Auch die frühen christlichen Gemeinden wollten keinen Staat, sondern substaatliche Gesellschaft. Sie dachten wieder neu vom Eigentum; Zeuge: die Gemeindeberichte in der Apostelgeschichte. Sie suchten wieder die Aufhebung der sozialen Unterschiede; Zeuge: Jesu Jüngerbelehrungen darüber, daß die Ersten die Diener aller sein müssen. Sie hatten eine Gesellschaft im Sinn, die die Gewalt entbehren kann; Zeuge: die Bergpredigt im Evangelium des Matthäus und vor allem der Tod des Stifters durch die staatliche Gewalt, ohne daß er selbst zur Gewalt gegriffen hätte.

Der römische Staat hat diese ihm hier entstehende nichtstaatliche, aber dennoch zutiefst gesellschaftlich orientierte Konkurrenz auch bald als solche erkannt. Die Christenverfolgungen setzten ein. Erst später fand ein Kaiser namens Konstantin ein wirksameres Mittel, dieser Konkurrenz den Stachel zu nehmen. Es war die Umarmung. Doch die Bibel war inzwischen fertiggeschrieben, auch das Neue Testament. Was gemeint war, ist dort nachzulesen.

Im Neuen Testament tritt das Bild vom „Volk", das glücklich in dem ihm von seinem Gott geschenkten „Land" lebt, zurück hinter anderen Bildern. Paulus spricht gern vom „Leib" Christi. Die Johannesapokalypse läßt die Kirche, die Braut des Lammes, als strahlende „Stadt" vom Himmel auf die Erde hinabsteigen – ich glaube nicht, nur als Bild jenseitiger Herrlichkeit, sondern als Deutung dessen, was in den christlichen Gemeinden Wirklichkeit werden kann. Nicht geändert hat sich beim Wechsel aller Bilder die Grundaussage. Es geht um eine nicht mit Staat und allgemeiner Gesellschaft identische, eigene, endlich alternative Gesellschaft. Zu ihr müssen nicht alle gehören. Doch die, welche zu ihr gehören, müssen dies tun mit Haut und Haar, als definitiv von Gott Herausgeholte und Gezeichnete.

Was sind nun die Wesensmerkmale dieser Gesellschaft?

Gesellschaft aus Fest und Verkündigung

Setzen wir an beim Urbekenntnis Israels: Jahwe, unser Gott, hat uns aus Ägypten, dem Sklavenstaat, herausgeführt. Schon hier ist das ganz und gar Paradoxe dieser Gesellschaft mit Händen greifbar. Denn wir können fragen: Wohin und wozu hat Jahwe denn Israel aus Ägypten befreit?

Im Buch Exodus finden wir überraschenderweise nebeneinander zwei Antworten.

Einmal, was Gott Mose aus dem brennenden Dornbusch zuruft: „Ich bin herabgestiegen, um (die Israeliten) der Hand der Ägypter zu entreißen und aus jenem Land hinaufzuführen in ein schönes, weites Land, in ein Land, wo Milch und Honig strömen" (Ex 3,8). Das Wort „Land" meint hier natürlich mehr als nur ein Territorium. Es umfaßt gerade auch das glückende Zusammenleben der Menschen im Land, die gelingende Gesellschaft.

Aber neben diesem Satz steht nun der andere, mit dem Mose vor den Pharao tritt, um ihm zu sagen, was geschehen soll: „Jahwe, der Gott Israels, verlangt: Laß mein Volk ziehen, denn sie sollen mir in der Wüste ein Fest feiern" (Ex 5,1). Nach diesem Wort ist das Wozu der Befreiung also nicht das normale Zusammenleben, sondern das Fest. Etwas, was an Gott orientiert ist, nicht am Menschen. Etwas, dessen Ort die Wüste ist – also, wenn wir „Land" in jenem vollen Sinn verstehen, den wir gerade betonten, im Gegenteil dazu: da, wo gar nicht für das Wohl des Menschen gesorgt ist und von den gegebenen Voraussetzungen her eigentlich gar nichts gelingen könnte.

Das Fest für Jahwe in der Wüste ist auch nicht einfach als harmlose Zwischenstation auf dem Weg ins verheißene Land zu verstehen, erst recht nicht als eine diplomatische Finte Moses, um dem Pharao nicht die vollen Absichten der Israeliten zu enthüllen. Ich glaube eher: Hier ist der innerste und älteste Kern der Auszugstradition. Auch in der definitiven Bibel zieht Israel ja zum großen Fest am Gottesberg, dem Sinai. Und dort in der Theophanie des Festes erhält Israel seine Sozialordnung geschenkt, die dann das Leben im Land gestalten soll.

So wächst die richtige Gesellschaft aus dem Fest. Nur wer sich nicht um die Probleme der Menschen kümmert, sondern um seinen Gott, findet die Lösung der menschlichen Probleme. Nur wer aus dem Ägypten seiner alten Gesellschaft auszieht, um Jahwe in der Wüste ein Fest zu feiern, gelangt dann in das Land, wo Milch und Honig strömen.

Das ist paradox und will es sein. Es hält sich so durch in der Verkündigung der Propheten und ist im Neuen Testament noch genau so da. Etwa wenn es in der Bergpredigt heißt: „Sucht zuerst die Herrschaft und die Gerechtigkeit Gottes. Dann wird euch alles andere hinzugegeben" (Mt 6,33). Da dieser Satz schon die Erfahrungen der frühen Gemeinden reflektiert, dürfen wir ihn am besten von der Sorge um die Verkündigung der Botschaft und den Aufbau der Gemeinde verstehen. Um das soll es dem Jünger Jesu vor allem gehen. Dann wird das, wovon vorher die Rede war, hinzugegeben: Essen, Trinken, Kleidung. Darauf, so heißt es direkt davor, „richtet sich unter den anderen Völkern die menschliche Sorge" (Mt 6,32).

Man kann es also geradezu als das tragende Prinzip bezeichnen, daß die Gesellschaft der Welt direkt angezielt wird (und dann eigentlich nie gelingt), während die richtige Gesellschaft den Menschen da geschenkt wird, wo nicht sie, sondern Gott angezielt wird – im Fest, in der Verkündigung der Botschaft, in der Sorge um die Gemeinde.

Das Wunder der Agape

Ein ähnliches Paradox kennzeichnet in der biblischen Gesellschaft auch schon das Handeln der einzelnen Menschen untereinander.

Ob eine Gesellschaft der Welt eher auf dem Prinzip der Macht und Ordnung oder auf dem der freien Entfaltung des einzelnen und des freien Wettbewerbs beruht – auf jeden Fall wird jeder einzelne in ihr von sich und den Seinen her denken und handeln. Die Gesellschaftskonstruktion mit ihren Mechanismen und Institutionen dient dann dazu, die notwendig entstehenden Konflikte zu verhindern, zu beenden oder wenigstens zu mildern und in Maßen zu halten. Dagegen heißt es in Lev 19,18.34, der Israelit solle nicht sich, sondern seinen Volksgenossen, ja sogar die Randfigur der Gesellschaft, den Schutzbürger, zum Zentrum seines Denkens und Handelns machen: ihn „lieben wie sich selbst".

Dieses Handeln vom andern her nennen die frühen christlichen Gemeinden „Agape". Für sie ist das Maß der Agape jetzt die Maßlosigkeit der Liebe Jesu, und diese selbst ist wieder Spiegel der Maßloßigkeit der Liebe Gottes: „Wie mich der Vater geliebt hat, so habe ich euch geliebt ... Liebt ihr einander, wie ich euch geliebt habe" (Joh 15,9.12).

Eine Gesellschaft, die von so etwas getragen ist, muß sich nicht ständig damit beschäftigen, Druck und Gegendruck auszugleichen. Vielmehr beobachtet sie mit Verwunderung, daß es jedem einzelnen in ihr gerade deshalb gut geht, weil er sich um sein eigenes Wohlergehen keine Sorgen macht und nur an die andern denkt.

Allerdings wird man nicht daran vorbeikommen, so etwas als ein Wunder zu betrachten. So sind wir Menschen von uns aus niemals eingestellt. Und offenbar ist solches Verhalten auch nur gerade deshalb möglich, weil diese Gesellschaft nicht rational-zweckhaft konstruiert ist, sondern, wie schon dargelegt, dem Fest entspringt.

Das geschenkte Humanum

Das Paradoxe des ganzen tritt nochmals darin zutage, daß nun gerade so die wahrhaft humane Gesellschaft entsteht, während wir bei allen direkt auf den Menschen hin konstruierten Gesellschaften beobachten, wie sie ständig wieder ins Inhumane abgleiten. Da, wo diese Gesellschaft auch nur ansatzweise da ist, zeigt sich überhaupt erst das volle Humanum.

Es war zum Beispiel in Israel, daß wie selten sonst der Zusammenhang zwischen sozialem Verhalten und Gesundheit entdeckt wurde. Unmittelbar hinter die Erzählung vom Auszug aus Ägypten haben die Redaktoren des Pentateuch ein Jahwewort gesetzt, das dann, wenn Israel sich auf Jahwes Gesellschaftsordnung einläßt, ihm verheißt: „dann werde ich dir keine der Krankheiten schikken, die ich den Ägyptern geschickt habe. Denn ich, Jahwe, bin dein Arzt" (Ex 15,26).

Dieses Wissen hat sich durchgehalten und ist zur überwältigenden Erfahrung im Umkreis Jesu von Nazaret geworden. Er wurde von den Volksmassen geradezu als Wunderheiler mißverstanden. Auch für die frühen Gemeinden gilt nach dem Zeugnis des Neuen Testaments ähnliches.

Ebenso wie die Krankheit entschwindet in dieser Gesellschaft die Armut. Im Buch Deuteronomium heißt es: „Bei dir (= Israel) braucht es keinen Armen zu geben. Denn Jahwe wird dich reich segnen ..., wenn du nur auf seine Stimme hörst und seine Sozialordnung aufbaust" (Dtn 15,4f, gekürzt). Von der Jerusalemer Urgemeinde sagt die Apostelgeschichte: „Unter ihnen gab es keinen, der Not gelitten hätte" (Apg 4,34). Und das entstand ganz und gar unmagisch, einfach aus der Praxis der Agape: „Alle, die Grundstücke oder Häuser besaßen, verkauften den Besitz, brachten den Erlös (in die Gemeinde) und stellten ihn den Aposteln zur Verfügung. Dann wurde jedem das zugeteilt, was er nötig hatte" (Apg 4,34f).

Was in dieser Gesellschaft entsteht, ist eine Welt der Freude und Kommunikation. Um sofort wieder die Apostelgeschichte zu zitieren: „Alle, die gläubig geworden waren, bildeten eine Gemeinschaft und hatten alles gemeinsam ... Tag für Tag trafen sie sich einmütig im Tempel, brachen in den Häusern das Brot und hielten miteinander Mahl in Freude und Einfalt des Herzens. Sie lobten Gott und waren beim ganzen Volk beliebt" (Apg 2, 44.46 f).

Was hier vor sich geht, ist doch gerade, daß in der vom Fest, also dem Lobpreis Gottes, und vom Glück des jeweils andern her konstruierten Gesellschaft genau diejenige Kontur zutage tritt, die wir als „human" bezeichnen. Noch jeder deklarierte „Humanismus" hat am Ende das Humanum verloren. Solchem Theonomismus wird es hinzugeschenkt. Das dürfte das eigentliche Geheimnis der biblischen Vorstellung von der richtigen Gesellschaft sein.

Die Kirche

Bei all dem ist nicht von irgendeinem Idealentwurf die Rede gewesen, nicht von einer Utopie, die ein Gelehrter oder Dichter als Gegenteil alles Existierenden sich ausgedacht hätte, sondern von dem, was im Neuen Testament Ekklesia heißt – im Einzelfall mit „Gemeinde", insgesamt mit „Kirche" zu übersetzen. Die Kirche ist die Fortsetzung des Gottesvolkes des alten Bundes. Es gibt sie. Seit Jesus ist ihr Unvergänglichkeit verheißen. Sie kann das, was in sie eingestiftet wurde, niemals definitiv verlieren.

Nur: Wer findet dann doch wieder in dem hier entworfenen Bild seine eigene Gemeinde, seine Kirche wieder? Wie weit lebt in unseren Gemeinden und in der ganzen Kirche überhaupt noch das Bewußtsein, daß sie die Aufgabe hätten, innerhalb der Gesamtgesellschaft und zugleich deutlich von ihr abgehoben wirklich eine eigene Gesellschaft in allen denkbaren Dimensionen einer solchen zu sein? Wo betrachten sich die Christen als die allen sichtbare Alternative Gottes? Als etwas, das, obwohl es nur einen Teil darstellt, insgeheim das Ganze trägt und ihm durch seinen strahlenden Modellcharakter Lebenskraft und Weisung zukommen läßt? Als Stadt auf dem Berg, als Salz der Erde?

Die frühen Gemeinden der Christenheit haben sich so verstanden. Die Welt staunte, die Kaiser zitterten, die Hoffnungslosen faßten Hoffnung.

Alles wäre auch heute wieder möglich.

Irgendwo ist immer noch der Rest des Festes das, woraus auch schal gewordene Gemeinden von heute noch leben – die Feier der Eucharistie. Immer wieder, wenn auch vereinzelt, zaghaft, anonym, blüht in diesen Gemeinden auch aus der dort geschöpften Kraft in einzelnen Menschen „Agape“ auf: selbstlose, vom andern her denkende Liebe. Immer wieder erglänzt auch zu unserem eigenen Erstaunen das Licht voller Menschlichkeit auf dem Antlitz alter wie junger Menschen, man begegnet der Freude. Und die Botschaft wird unverändert Sonntag für Sonntag verkündet, wenn auch alle ihre Worte weithin wie seltsame tropische Früchte sind, denen niemand die Schale zu lösen versteht.

Aber alles ist noch da. Alle Wurzeln in der Erde warten nur auf den ersten warmen Tag eines neuen Frühlings, um durchzubrechen. Alles könnte jederzeit wieder blühen. Wir könnten jederzeit darauf verzichten, hinter den Weisen des Ostens herzulaufen und uns von ihnen Weltvergessenheit versprechen zu lassen, „Befreiung“ ohne „Wozu“. Wir bräuchten keine Drogen und vielleicht nicht einmal jene auf den ersten Blick so sympathisch wirkende Bescheidenheit, die sich bereit erklärt, mit den wenigen Blümlein des Glücks vorliebzunehmen, die auf den asphaltierten Straßenbändern unserer grauen Gesellschaft hin und wieder doch die Teerdecke durchbrechen, wie ein herrliches Zeugnis anderer Möglichkeiten der Mutter Erde für einige Stunden aufblühen und bald wieder vergilben.

Es gäbe volleres Glück. Es gäbe Freiheiten, von denen wir kaum zu träumen wagen – wenn wir uns nur auf jene Entwürfe des Alten und Neuen Testaments einließen, deren Verwirklichung allerdings nur dann geschenkt wird, wenn man bereit ist, aus Ägypten sich nicht deshalb befreien zu lassen, um glücklich zu sein, sondern um seinem Gott ein Fest zu feiern.

Die davidische Versuchung

Es gibt eine immer wieder auftretende Lust der Kirche, dem Staat zu gleichen, sich mit dem Staat zu vermählen, ja den Staat in die Hand zu bekommen. Ihr entspricht eine ähnliche Lust des Staats bezüglich der Kirche. Im Neuen Testament lassen sich kaum Wurzeln für diese Liebe der Kirche zum Staat entdecken. Doch Historiker haben festgestellt, daß häufig zur gleichen Zeit, wenn sich eine staatskirchliche Neigung zeigte, auch Motive aus dem Alten Testament zahlreicher als sonst in Theologie, Gottesdienst, Dichtung und bildender Kunst auftraten.

Ferner scheint die Kirche, wenn sie mit dem Staat anbändelt, es lieber mit monarchischen oder autoritären Staatsgebilden als zum Beispiel mit demokratischen zu tun zu haben. Auch hier könnten Bilder aus dem Alten Testament hintergründigen Einfluß ausüben. Denn das Alte Testament tritt uns ja in seinen zentralen Schriften als Zeugnis einer Theokratie entgegen, die sich irdisch dann als davidische Königsherrschaft von Gottes Gnaden oder auch als göttlich autorisierte Priesterherrschaft darstellte, niemals aber als sich selbst tragende Volkssouveränität. So wenigstens wird das Alte Testament nicht nur von den kirchlichen Theoretikern, sondern ebenso von den auf Trennung von Kirche und Staat erpichten Gegnern der Kirche im allgemeinen verstanden – soweit man überhaupt nach insgeheim leitenden biblischen Hintergründen fragt.

Legitimiert das Alte Testament wirklich die Leitbilder, die von ihm herzukommen scheinen? Es ist schon öfter geschehen, daß die Bibel sich im Licht der modernen Bibelwissenschaft als differenzierter erwies oder sogar anders sprach, als man gemeinhin zu hören glaubte.

Tatsächlich war das Volk Israel keineswegs in allen Phasen seiner Geschichte jener königlich regierte Sakralstaat, als den man es sich üblicherweise vorstellt. Die Monarchie wurde nach ersten Versuchen unter Saul erst um das Jahr 1000 v. Chr. durch David ben Isai eingeführt. Sie brach mit der Zerstörung Jerusalems durch Nabu-kudurri-uzur II. von Babylon im Jahre 586 wieder zusammen. Vorher wie nachher herrschten andere Strukturen mit jeweils verschiedener Partizipation der Bevölkerung am System, wenn es natürlich – was ja historisch auch nicht zu erwarten ist – auch keine Demokratie im altgriechischen oder im modernen Sinn gab. Also nur gute vier Jahrhunderte aus der mehr als tausendjährigen Geschichte des Gottesvolkes, die sich im Alten Testament spiegelt, waren „Königszeit". Darüber hinaus gab es nie jene nahtlose Identität von Volk, Staat und Religionsgemeinschaft, die man sich meist vorstellt, wenn man vom alten Israel spricht.

Die nichtstaatlichen Anfänge Israels

Die biblische Darstellung der sogenannten Zeit der Patriarchen, der Zeit der Landnahme und der Richterzeit ist aus weiter zeitlicher Distanz erzählt. Ihr Bild ist aus einzelnen und unzusammenhängenden mündlichen Traditionen künstlich zusammengefügt, wobei vor allem theologische Rücksichten leitend waren. Daher kommt die geschichtliche Rekonstruktion dieser frühen, vorstaatlichen Zeit Israels über Hypothesen nicht hinaus.

Diejenige, die in den vergangenen Jahrzehnten am meisten Anklang fand, betrachtete die Ahnen Israels als Gruppen von Kleinviehzüchtern, die ihre Herden je nach Jahreszeit mehr nach der Wüste hin oder mehr im eigentlichen Kulturland weiden ließen. Sie hätten sich dann allmählich in bisher noch unbesiedelten Gebieten, vor allem des Berglands, als Bauern niedergelassen. Ihre Organisation war locker und ging kaum über den Stammesverband hinaus. Jenseits der „Stämme" gab es nur noch den „Bund" von zwölf Stämmen. Er wurde bei der Verteidigung gegen Feinde aktiv, und da oft nur in Teilzusammenschlüssen. Er stellte aber auch eine religiöse Einheit zwischen den Stämmen her. Sie alle verehrten den einen Gott Jahwe und erzählten sich die Geschichte von der Befreiung ihrer Vorfahren aus der Sklaverei in Ägypten. Dieser Stämmebund nannte sich „Israel". Israel hatte aber noch nicht die Charakteristika eines Staats. Unter dieser Hypothese wäre der Glaube Israels in seinen Anfängen also gewissermaßen staatsfrei oder vorstaatlich gewesen. Das jedoch nicht aus Prinzip, sondern von den kulturellen und gesellschaftlichen Umständen her. Es gab „noch" keinen Staat.

Etwas profilierter sehen die Verhältnisse im Licht einer anderen Hypothese aus, die in jüngerer Zeit von amerikanischen Gelehrten entwickelt wurde und deren Anhänger in diesen Jahren zunehmen. Nach ihr waren nur Teile des späteren Israels landsuchende Randnomaden. Die meisten Vorfahren Israels bildeten einfach die ansässige Bauernbevölkerung des Landes Kanaan.

Dieses Land bestand aus einer Reihe von Stadtstaaten mit Königen an der Spitze. Die Stadtstaaten selbst standen unter der Oberhoheit Ägyptens. Ganz Kanaan war so etwas wie ägyptisches Kolonialgebiet. Die Bauern waren der ärmste Teil der Bevölkerung. Sie wurden ausgebeutet und konnten sich innerhalb des bestehenden Systems nicht dagegen wehren. Die Religion, vor allem die Verehrung des Fruchtbarkeitsgottes Baal, war eng mit dem politischen und gesellschaftlichen System verbunden. Baal garantierte die Fruchtbarkeit des Ackers, aber auch den Herrschaftsanspruch der Stadtkönige, deren Paläste neben seinen Tempeln standen.

Gegen dieses System habe sich nun eine teils friedliche, teils gewaltsame Emanzipationsbewegung der Bauernbevölkerung entwickelt, und diese Bewegung habe schließlich zur Bildung des an den Gott Jahwe glaubenden Stämmebundes Israel geführt. An dem Prozeß waren auch Randnomaden, die sich neu ansiedelten, aus der Ferne einwandernde Gruppen und marginalisierte Söldnerhaufen beteiligt, vor allem aber die Gruppe, die unter Mose aus Ägypten ausgezogen war. Wahrscheinlich hatte die ägyptische Gruppe sogar entscheidenden Einfluß auf die Entwicklung. Aber im ganzen handelte es sich doch um einen gesellschaftlichen, politischen und religiösen Wandel innerhalb der ansässigen Bevölkerung.

Langsam entzogen sich die unterdrückten Gruppen dem Zugriff der bisherigen Herren. Sie taten das, indem sie eigene, von oben nicht kontrollierte Strukturen, ausbildeten: Sippenverbände und Stämme. Um das zu können, akzeptierten sie für sich eine neue, der alten diametral entgegengesetzte religiöse Sinndeutung. Sie verehrten nicht mehr den Staatsgott Baal, der die ausbeutenden Herrscher vertrat, sondern den Gott Jahwe, der – wie einst bei der Mosegruppe – aus ägyptischer Sklaverei befreite.

Es gibt einige gute Gründe, die diese neue Hypothese empfehlen, wenn es auch nicht an Gegengründen fehlt. Sollte sie in ihren Hauptlinien im Recht sein, dann ist sie für die Frage nach dem Verhältnis von Kirche und Staat von höchstem Interesse. Natürlich war das „Israel" dieser dunklen Vorgeschichte noch nicht „Kirche". Aber es war doch der Anfang dessen, was später im Lauf der Geschichte zur Kirche wurde. Dieser Anfang wäre dann aber gerade aus einer Distanzierungsbewegung weg vom Staat entstanden, und zwar weg von einem Kirchenstaat oder einer Staatskirche – um weiter mit Begriffen zu arbeiten, die für damals an sich noch nicht angebracht sind. Staat und Religion waren eine Einheit gewesen. Gerade der Versuch, diese Einheit zu sprengen, hätte zur gesellschaftlichen und religiößen Größe „Israel" geführt. Das Israel des Anfangs wäre eine gesellschaftliche Größe gewesen, aber kein Staat.

Diese Anfänge Israels bleiben für den Historiker sehr dunkel. Die dann ein wenig hellere vorkönigliche Richterzeit wird gewöhnlich als anarchische und unvollkommene Vorstufe auf dem Weg zur vollen Staatlichkeit gesehen. Doch müssen wir uns heute fragen, ob das stimmt. Vieles spricht dafür, daß das Israel der zwölf Stämme ohne jede Zentralinstanz, in der Zeit der Not sich unter charismatischen Führern zum Verteidigungskrieg sammelnd, sonst nur zu den Festen an den Heiligtümern vereint, eine echte, funktionierende Gesellschaft war, in der der königsfreie Zustand keineswegs als Mangel, sondern als Geschenk Jahwes betrachtet wurde. Daß egalitär konstruierte „akephale" Gesellschaften voll funktionsfähig sind, wissen wir inzwischen aus den Feldforschungen der „Social Anthropology", vor allem in Afrika.

Es blieb bei einem prekären Gleichgewicht zwischen den staatlichen Systemen Kanaans und der nichtstaatlichen Gesellschaft des jahwebegeisterten Israel. Dieses geriet sofort in eine Krise, als durch neue Konstellationen das staatliche System wieder stärker wurde. Die Ägypter siedelten die sie bedrängenden, einer Völkerwanderungsbewegung angehörenden Philister im kanaanäischen Raum an. Diese versuchten, ein neues, ganz Palästina umfassendes Staatsgebilde zu schaffen. Die Gegenaktion des Stämmebundes Israel bestand darin, daß man in Konkurrenz zu den Philistern sich selbst in einen Staat verwandelte.

Dies geschah unter Saul und David. Das Ergebnis war ein monarchisch regierter Staat, dessen Gott aber nicht mehr Baal, sondern Jahwe hieß. Dieser Staat umschloß jetzt allerdings, da er territorial konzipiert war, mehr Bevölkerungsgruppen als nur die Israeliten. So gab es keine vollständige Identität von Volk, Staat und Religion. Ferner lebten die alten Traditionen des Jahweglaubens weiter, und sie enthielten eher Befreiungs- als Stabilisierungsideologien. Bald kam auch Widerstand gegen das Königtum auf, und er kam von denen, die der Tradition die Treue halten wollten. Schon David hatte damit zu schaffen. Nach Salomos Tod trug dieser Widerstand wesentlich dazu bei, daß das Reich in zwei Teile zerbrach, den nördlichen Staat Israel und den südlichen Staat Juda. Doch es blieb bei staatlichen Systemen. Die egalitäre Gesellschaftsvorstellung war in den Untergrund abgedrängt.

Der Jahweglaube lebte in beiden Staaten weiter, zum Teil unabhängig von den staatlichen Superstrukturen, zum Teil sich diesen anpassend. Die Priesterschaft der Heiligtümer scheint bald recht staatsverbunden geworden zu sein. Zu Sprechern der ursprünglichen Verschiedenheit zwischen jener Gesellschaft, die den Gott Jahwe früher verehrt hatte, und dem herrschenden Staat machten sich die Gestalten, die wir heute als die Propheten bezeichnen. Sie kritisierten die Könige im Namen Jahwes und seiner Sozialordnung.

Das Ende des eigentlich nie voll gelungenen Jahwestaats kam von außen. Neue Großreichbildungen zerstörten und verschluckten die beiden israelitischen Staaten ebenso wie alle ihre Nachbarn. Das neuassyrische Großreich brachte im achten Jahrhundert das Ende des Nordreichs Israel, das neubabylonische Großreich zu Beginn des sechsten Jahrhunderts das des Südreichs Juda. Der Baumeister des dann folgenden persischen Großreichs, Kyros, ermöglichte zwar die Heimkehr der deportierten judäischen Bevölkerungsgruppen in ihr altes Land, aber von nun an gab es keine Eigenstaatlichkeit mehr, sondern nur noch relative Selbständigkeit im Rahmen des Perserreichs, der hellenistischen Reiche und schließlich des Römerreichs.

Doch zunächst noch einmal ein Rückblick auf die mittlere Periode, in der tatsächlich Kirche und Staat – um wieder modern zu reden – zu einer gewissen Deckung kamen. Weder die Propheten noch die schriftstellernden Theologen des babylonischen Exils haben den vollständigen Zusammenbruch dieses Systems einfach äußeren Machtverschiebungen zugeschrieben.

Die Propheten erhoben noch vor dem Untergang Anklage wegen Abfalls von Jahwe, Rückfalls in den Kult des alten Staats- und Fruchtbarkeitsgottes Baal, und zugleich wegen des Abbaus und der Nichtbeachtung der alten jahwistischen Sozialordnung, die nur freie und gleiche Menschen kannte und Ausbeutung der schwachen Gesellschaftsschichten durch die stärkeren verbot. Wenn der Untergang komme, komme er als Folge dieser Entwicklungen.

Die deuteronomistische Reflexion

Die Theologen der Exilszeit, insbesondere die sogenannte deuteronomistische Schule, dachten das Problem noch ein Stück weiter durch. Sie erkannten als die letzte Ursache des Untergangs die Umwandlung des Stämmebundes in einen Staat – also die Einführung des Königtums.

Literarisch fand diese Analyse ihren Niederschlag in ihrer Darstellung der Entstehung des Königtums unter Samuel und Saul im 1. Samuelbuch. Der Grundgedanke der Reden, die dort gehalten werden, ist der: Bisher lebte Israel unter der Königsherrschaft Gottes. Deshalb brauchte es keinen irdischen König. Wenn es nun einen menschlichen König fordert, dann will es sein wie die anderen Völker. Das aber ist Abfall von Jahwe. Denn Jahwe ist ein vom Staat befreiender Gott. Schließlich gesteht Jahwe Israel einen König zu. Doch er stellt Bedingungen. Jahwes Sozialordnung soll genau beobachtet und Jahwe allein soll als Gott verehrt werden, so daß er trotz des menschlichen Königs der eigentlich in Israel Herrschende bleibt. Da nach der dann folgenden Geschichtsdarstellung genau diese Bedingungen in der Zeit der Könige nicht erfüllt worden sind, ist im Ganzen des Deuteronomistischen Geschichtswerks klargestellt, daß die Verschmelzung der Glaubensgemeinschaft „Israel“ mit einem Staatswesen ein Irrweg war, der zum Abgrund führte.

Die gleichen deuteronomistischen Theologen haben

aber doch noch darüber nachgedacht, wie sich, wenn der Schritt zum Staat schon unvermeidlich war, der Staat vielleicht besser hätte strukturieren lassen, so daß es nicht zu dem schrecklichen Ende gekommen wäre. Die Ergebnisse dieser Überlegungen haben sie in das von ihnen bearbeitete deuteronomische Gesetzbuch eingebaut, und zwar in der Form einer Ämtergesetzgebung. Hier finden wir – mehr als zweitausend Jahre vor Montesquieu – den Entwurf eines Systems der Gewaltenteilung, also auch gerade eines der wesentlichen Elemente der modernen westlichen Demokratie. Die Rechte des Königs werden eingeschränkt und genau gegenüber dem Rechtswesen und der Priesterschaft abgegrenzt.

Als eine Art Grundgesetz fungiert die „Tora", eben das deuteronomische Gesetz. Ein überraschendes Element kommt hinzu: Das freie Charisma des ungerufen und ungewünscht auftretenden Propheten ist als eine Art eigenen Amtes ausdrücklich vorgesehen. Dafür ist gewissermaßen ein Rechtsraum ausgespart. Wenn überhaupt schon eine Verbindung von Kirche und Staat eingegangen werden muß – so sollten wir diese gewaltenteilige Ämtergesetzgebung für uns heute wohl übersetzen –, dann auf jeden Fall in einer Form, die eher modernen demokratischen Strukturen ähnelt als irgendeiner die Macht in einer einzigen Hand zusammenballenden Staatsform.

Diese Verfassung Israels wurde erst erfunden, als die Katastrophe schon eingetreten war, die sie in der literarischen Fiktion noch hätte verhindern können. Es gab dann keine Gelegenheit mehr, sie auszuprobieren.

Vom babylonischen Exil an war die ehemalige Symbiose von Glaubensgemeinschaft und Staat nicht mehr möglich, wenn auch Glaubensgemeinschaft und Volksgemeinschaft identisch waren. Es gab nach längerer Zeit zwar einigemal kurze Annäherungen an die von vielen natürlich stets erträumte volle Einheit der Bereiche, vor allem in der Hasmonäerepoche. Aber das blieben Episoden. Sie können hier vernachlässigt werden.

Das Judentum lebte in eigentümlicher Analogie zu seinen möglichen Anfängen in der vordavidischen Zeit als geschlossene gesellschaftliche Gruppe. Es hob sich vor allem durch seinen Glauben vom Rest der Menschen ab. Aber es lebte zugleich innerhalb umfassenderer gesellschaftlicher und staatlicher Gebilde. Weil die Juden die Götter des Staats nicht verehrten, bekamen sie auch schon vor der christlichen Zeit Schwierigkeiten und wurden verfolgt. Doch sie haben niemals mehr beansprucht als ihre Freiheit.

Darunter verstanden sie allerdings mehr als die Möglichkeit, sich religiös zu betätigen. Ihr Glaube sollte sich in allen Dimensionen des Zusammenlebens auswirken. Innerhalb der allgemeinen Gesellschaft wollten sie ein Leben nach ihrem eigenen Gesetz leben können. Sie wollten gewissermaßen schon selbst volle Gesellschaft sein, wenn auch ohne staatlichen Überbau. An dieser Gesellschaft sollten alle Menschen ablesen können, wie Gott sich eigentlich menschliche Gesellschaft gedacht hatte.

Die Großreiche vom Perserreich an, vor allem die hellenistischen Systeme, waren nun in der Tat bereit, einer menschlichen Gruppe innerhalb ihres umfassenden Gebildes eine solche Freiheit zu gewähren, wenn auch manchmal unter Würgen und Stöhnen. Die Perser gaben den Juden innerhalb ihres Reiches eine solche relative Autonomie, daß sie nach dem mosaischen Gesetz leben konnten. Die moderne Bibelwissenschaft vermutet, daß hier überhaupt der Erklärungsgrund für die Redaktion des Pentateuchs, der fünf Bücher Mose, zu suchen ist. Der Pentateuch dürfte die Formulierung des jüdischen Selbstverständnisses gewesen sein, die von der persischen Zentralverwaltung gefordert wurde, ehe man bereit war, die entsprechenden Freiheiten zu gewähren. Da das restliche Alte Testament nichts anderes ist als eine Ergänzung des Pentateuchs unter verschiedenen Rücksichten, ist eigentlich das ganze Alte Testament, das wir jetzt in Händen halten, in seiner Existenz und in seiner Anlage ein Zeugnis dieses jüdischen Verhältnisses von Kirche und Staat in den letzten Jahrhunderten vor Christus. Da dieses Dokument zur entscheidenden synagogalen Lesung und damit zur „Heiligen Schrift" wurde, ist dieses Verhältnis von Kirche und Staat geradezu kanonisiert. Auch nach Christus hat die Synagoge sich immer in diesem Sinn verstanden. Erst der Zionismus hat hier eine Änderung gebracht.

Der Messianismus und der Staat

Man könnte allerdings an dieser Stelle einwenden, im letzten halben Jahrtausend vor Christus seien das zwar die faktischen Verhältnisse gewesen, nicht aber die geheimen Träume. Diese seien „messianisch" gewesen. Sie seien auf ein neues Reich Davids gegangen, das dazu noch die gesamte Menschheit universal umfassen sollte. Der Einwand ist berechtigt. Die Auseinandersetzung mit ihm wird uns zu Jesus und der neutestamentlichen Situation führen.

Denn nachdem das davidische System zusammengebrochen war, ist David in der Tat zur Gestalt der Erwartung und der Hoffnung geworden. Messias, „Gesalbter“, hieß in der Zeit der davidischen Monarchie jeder König in Jerusalem. Das war, in Anspielung auf das Krönungsritual, einer seiner Titel. Jetzt erwartet man für die Zukunft oder – im Rahmen apokalyptischen Zeitverständnisses – für die Endzeit einen „neuen David“, gewissermaßen *den* Gesalbten schlechthin.

Es ist klar, daß diese Erwartung nicht auf eine isolierte Führungsgestalt ging, sondern in und mit ihr den großen, endzeitlichen Gottesstaat meinte, der dann auch, entsprechend anderen prophetischen Worten, die ganze Völkerwelt umgreifen würde. Es gab also neben der königskritischen Gedankenwelt auch eine königsnostalgische, zukunftsgewendete Davidstheologie. Sie rieb sich an den bestehenden Verhältnissen und erträumte ein Neues. Das muß zunächst einmal festgestellt werden. Man kann hinzufügen, daß sich später auch die christlichen Träume der Einheit von Kirche und Staat, wenn sie sich vom Alten Testament her inspirierten, gerade an Texte aus dem Bereich der davidischen Zukunftshoffnung anhängten.

Doch jetzt ist sofort zu differenzieren. Man pflegt heute häufig die gesamte Zukunftserwartung des Judentums der Zeit Jesu als „Messianismus“ zu bezeichnen. Aber um den sehr verschiedenen Formen des „Messianismus“ gerecht zu werden, mußte man dann zum Beispiel einen Ausdruck prägen wie „Messianismus ohne Messias“. Die Bilder und Chiffren der jüdischen Zukunftshoffnung waren vielfältig.

Der Gedanke einer Wiederkehr Davids und seines sakralstaatlichen Systems spielte keineswegs überall eine Rolle. In den meisten biblischen Texten, in denen sich die

Zukunftserwartung Israels niederschlug, ist von einem messianischen Zukunftskönig und seinem Staat gar keine Rede. Andere Dinge stehen im Zentrum der Aufmerksamkeit. Da, wo vom kommenden König oder Fürsten geredet wird, handelt es sich oft um eine offenbar unvermeidbare Bildchiffre aus der vorhandenen Hoffnungsthematik, die aber durch den Zusammenhang bis ins Gegenteil dessen, was sie ursprünglich sagte, umgedeutet wird. Manche von einem Heilskönig der Zukunft handelnden Texte, vor allem die Königspsalmen, sind wohl nur deshalb in den biblischen Zusammenhang gekommen, weil sie damals schon in kollektiver Umdeutung verstanden wurden. Man sprach von der Erwählung des Königs und meinte die Erwählung von ganz Israel. Auf jeden Fall ist Gott selbst stets der entscheidende Akteur in der Zukunftshoffnung jener Jahrhunderte.

Immer war die zentrale Aussage die, es werde ein Tag kommen, wo Gott selbst die Herrschaft übernimmt, und zwar universal. Die Hoffnung auf den Einbruch der Herrschaft Gottes war das Eigentliche. Ihm gegenüber war die Hoffnung auf die Wiederkehr eines gesalbten Heilskönigs und seines Sakralstaates nur ein auswechselbares Einzel-, ja Bildelement im Rahmen der Gesamterwartung. Von manchen Gruppen wurde es betont, von anderen bewußt vermieden. So, ja vermutlich noch komplizierter und vielfältiger, war die Situation auch noch, als Jesus von Nazaret auftrat.

Jesus und der Messiastitel

Unter den Exegeten gibt es verschiedene Auffassungen darüber, ob Jesus selbst sich als „Messias“ bezeichnet hat. Es könnte damals nicht leicht gewesen sein, eine antirömisch-sakralstaatliche Interpretation des Titels zu vermeiden. Daß Jesus den Titel während seines öffentlichen Lebens aufnahm, bleibt höchst unwahrscheinlich. Auch andere, ähnliche Bezeichnungen, wie etwa „Sohn Davids" oder „Sohn Gottes" (im damaligen, nichtmetaphysischen Verständnis), scheinen ihm zwar von anderen zugerufen worden zu sein. Doch ist es auch hier nicht sicher, ob er sie selbst in den Mund nahm. Eine andere Frage ist allerdings, ob er sich nicht in seinem Prozeß, vom Hohenpriester offiziell befragt, als der Messias Gottes bekannte – wobei hier im Zusammenhang der Sinn des Titels zweifelsfrei feststand.

Mit höherer Wahrscheinlichkeit können wir sagen, daß er schon während seiner öffentlichen Tätigkeit zumindest indirekt andeutete, er könne der „Menschensohn" sein. Damit spielte er auf eine Vision aus dem Danielbuch an, wo den irdischen Weltstaaten der Vergangenheit, ihrer Unmenschlichkeit wegen in Tiergestalten geschildert, die Gottesherrschaft der Zukunft gegenübergestellt wird. Sie wird menschlich sein, und deshalb erscheint sie vom Himmel her in der Gestalt eines „Menschensohns". Bei Daniel hat der „Menschensohn" also durchaus nichts mit der Idee einer Wiederkehr des davidischen Staats und eines entsprechenden Herrschers zu tun. Im Gegenteil, er meint die „Gottesherrschaft". Zur Zeit Jesu wurde wahrscheinlich das Wort „Menschensohn" in der apokalyptischen Symbolsprache auch schon für jenen Menschen benutzt, dessen sich Gott bedient, um seine Herrschaft am Ende der Zeiten, bei der Vernichtung der irdischen Machtsysteme, heraufzuführen. Doch selbst dann gehörte der Titel in den Umkreis der Erwartung der Gottesherrschaft, nicht in den der Hoffnung auf einen neuen davidischen Staat.

Jesu Verkündigung kreiste auf jeden Fall um die Herrschaft Gottes. Sie sei nahe, ja gekommen. Das war eher die Sprache eines „Messianismus ohne Messias". Es war das Stichwort, das schon die deuteronomistische Theologie der Lust am Staat und an menschlicher Herrschaft entgegengesetzt hatte. Herrschaft Gottes meinte Gesellschaft, aber nicht in der Form von Staat.

Jesus setzte sich auch deutlich von den sogenannten Zeloten ab, die zwar auch die Parole „Herrschaft Gottes" riefen und die Menschenherrschaft des römischen Kaisers ablehnten, aber dann als Mittel Terror und gewaltsamen Aufstand propagierten – wobei ihnen als Utopie wohl doch wieder so etwas wie ein staatliches Israel vor Augen gestanden haben dürfte. Nach den evangelischen Berichten über den Prozeß Jesu und seine Hinrichtung ist Jesus vor Pilatus zwar gerade dessen angeklagt worden, daß er „König der Juden", das heißt davidischer Thronprätendent sei. Aber die Tatsachen waren offenbar anders.

Jesus beanspruchte durchaus, mit ihm und durch ihn komme die Herrschaft Gottes. Er betrachtete diese auch als etwas, was sich in dieser Welt verwirklicht. Aber er rief die Menschen auf, sich frei in sie hineinzubegeben. Er rief sie in seine persönliche Nachfolge. Er schenkte ihnen die Herrschaft Gottes, indem er sie heilte und neue Gemeinschaft entstehen ließ. Er lehnte Macht und Gewalt ab. Er wollte herrschen, indem er diente. Dafür wurde er umgebracht, denn das war jedem Triumphalismus zuwider. Er sammelte Menschen um sich, und um ihn herum begann neue Gesellschaft. Aber sie war gerade nicht von der Substanz, aus der der Staat gemacht wird.

Erst sein Tod für dieses Verständnis der Herrschaft Gottes machte es möglich, daß später, als die ersten von ihm her lebenden Gemeinden in die Öffentlichkeit traten, auch die anderen Titel der messianischen Erwartung ohne Bedenken auf ihn angewendet werden konnten, darunter auch die davidischen. Jetzt konnten sie nicht mehr mißverstanden werden, ja es war deutlich, daß sie entschieden anderes meinten, als ursprünglich durch sie ausgedrückt worden war.

Er wurde nun als der Messias, der Christus, bezeichnet, ja diese Bezeichnung ist schon im Neuen Testament fast zum Eigennamen geworden. Seine Gemeinden hießen von den Anfängen der Kirche in Antiochia an die „Christen". Aber da konnte man schon nicht mehr übersehen, daß Jesus nicht ein Staatsoberhaupt, sondern ein vom Staat Abgeurteilter und als Verbrecher Hingerichteter gewesen war. Die neue Gesellschaft, die nun in immer neuen Gemeinden entstand und sich in den immer größer werdenden Nischen des römischen Herrschaftssystems ausbreitete, konnte sich trotz ihres Namens und der in ihm liegenden Anspielung auf den ehemaligen und von vielen wiedererhofften davidischen Staat niemals als Versuch verstehen, einen neuen Sakralstaat zu schaffen.

Das war schon deshalb unmöglich, weil die Basis des Christseins der Glaube war. Glaube aber bedeutete: sich freiwillig Jesus anschließen. Der Staat, wie er damals war und wie er heute noch ist, kann gar nicht auf freiwilligem Anschluß des Einzelnen beruhen. Er ist eine Institution, die auf Zwangsmitgliedschaft beruht – normalerweise von einem Territorium und dessen Bewohnern her definiert. Für die christlichen Kirchen galt also: wohl Gesellschaft, nicht aber Staat.

Haben sich die Kirchen durch die Geschichte hindurch daran gehalten? Man wird sagen müssen, daß recht bald die davidische Leitidee zu ihrer eigentlichen Versuchung wurde.

Zunächst lebten die christlichen Gemeinden innerhalb des römischen Staats auf eine ähnliche Weise wie vor ihnen schon die Synagogen. Sie waren alles andere als reine Sonntagsgottesdienstgemeinden. Alle Dimensionen des Lebens ihrer Mitglieder spielten sich im Raum der Gemeinde ab. Ein wichtiges Unterscheidungsmerkmal gegenüber der heidnischen Umwelt war zum Beispiel bald schon die innergemeindliche Neuorganisation des Wirtschafts- und Arbeitslebens, wo ein neues Ethos auch neue Strukturen forderte. Die Christen entwickelten durchaus das, was man heute eine alternative Gesellschaft nennen würde.

So blieben auch die Spannungen zur allgemeinen Gesellschaft nicht aus. Wie Jesus getötet worden war, so kamen auch bald über die Kirchen Verfolgungen. Es gab die ersten Martyrer. Auch auf der ideologischen Ebene wurden die Christen geortet. Sie galten als Atheisten, denn sie weigerten sich, die Götter des Staatskults anzubeten. Nichts konnte ihre Ablehnung jeder Verquickung von Staat und Glaube deutlicher machen.

Das ist allerdings, wie wir wissen, alles auf die Dauer nicht so geblieben. Als der römische Staat langsam jede Kraft verlor und innerlich zerfiel (manche behaupten: gerade auch, weil die Christen längst ihren eigenen „Staat im Staat" aufgebaut hatten), übernahmen die lebenskräftigeren christlichen Institutionen immer mehr Aufgaben der staatlichen Organe oder traten ihnen helfend zur Seite.

Und es blieb nicht aus, daß sich, halb bemerkt, halb unbemerkt, das Verhältnis zum Staat wandelte. Man bezeichnete diesen Vorgang heute meist mit dem etwas vereinfachenden Schlagwort der „konstantinischen Wende“. Die gesellschaftliche Grundproblematik des Mittelalters zeichnete sich ab. Sie gründet auf der davidischen Versuchung der Kirche.

Im einzelnen kann hier nicht verfolgt werden, wie in verschiedenster Gestalt das davidische Experiment immer wieder versucht wurde. Auch kann nicht ausgeführt werden, wie immer wieder innerhalb der Kirche die Mönche und Orden, außerhalb der Kirche die Sekten und Freikirchen versuchten, die urkirchliche Gestalt einer von der allgemeinen Gesellschaft abgehobenen, im Glauben an Jesus gegründeten Gegengesellschaft wiederzufinden; wie sie einerseits Impulse in die Gesamtchristenheit hineingaben, andererseits aber doch nicht in ihrem eigentlichen Anliegen ernstgenommen wurden. Denn die Kirche konnte es doch nie lassen, ihr einmal begonnenes Verhältnis mit dem Staat weiterzupflegen.

Die davidische Versuchung heute

Inzwischen ist wieder eine deutlichere Scheidung zwischen Staat und Kirche eingetreten als in früheren Epochen. Ist damit die Rede von der davidischen Versuchung der Kirche gegenstandslos geworden?

Die eingetretene Trennung – in den einzelnen Ländern und Kontinenten im übrigen in sehr verschiedenen Gestalten – geht nicht auf die Glaubenskraft der Christen zurück. Vielmehr ist die Entwicklung des modernen Geistes daran schuld. Die Christen haben, solange sie konnten, meistens tapfer Widerstand geleistet.

Doch ist jetzt in unseren westlichen Staaten der Pluralismus etabliert. Die Kirche kann der Gesellschaft und dem Staat gegenüber nicht mehr beanspruchen, der alleinige Lieferant von Sinndeutung zu sein. Aber allein die heute übliche Zuspitzung der Frage auf „Sinndeutung“ ist verräterisch.

Ich glaube, daß, insgeheim und vielen kirchlichen Meinungsführern vielleicht kaum bewußt, der Versuch, Kirche und Staat zur Deckung zu bringen, doch noch weiterläuft. Das gilt zumindest in unserem Landen, und da sowohl von der universalen römisch-katholischen Kirche als auch von den überschaubareren evangelischen Landeskirchen – mindestens überall da, wo man sich nicht ernsthaft einer Theologie der Befreiung oder vergleichbaren Auffassungen geöffnet hat.

Beide Kirchentypen verstehen sich bei uns weiter als Volkskirchen. Beide tendieren in ihren eigenen Strukturen nach Staatsförmigkeit. Sie empfangen auch Steuern und haben in den letzten Jahrzehnten ähnlich wie der Staat einen hohen Bürokratisierungsgrad erreicht.

Selbstverständlich legen sie zugleich großen Wert auf die auch verfassungsmäßig gesicherte Differenz zum Staat. Doch profitieren sie von der komplexen Struktur unserer hochentwickelten nachneuzeitlichen Gesellschaft, in der funktionale Subsysteme mit ganz bestimmten eingegrenzten Leistungen eine relative Selbständigkeit entwickeln können, aber doch dem gesellschaftlichen und oft auch dem staatlichen Ganzen zugeordnet sind.

Gemäß den Gesetzen dieser komplexen Gesellschaft wäre es falsch, wenn die Kirchen eigentliche Identität mit dem Staat anstrebten. Sie müssen vielmehr nur in eindeutiger Zuordnung zum Staat die abgegrenzte Funktion der religiösen Sinngebung für die überall erfahrbare Endlichkeit aller Lebensbereiche und -vorgänge übernehmen und darüberhinaus nichts beanspruchen, und schon haben sie ihren festen Ort im staatlichen Hauptsystem.

Die Verwaltung religiöser Sinngebung für alle erfordert nur ein begrenztes Maß an Institutionen für alle: Rituelles Angebot am Sonntag; Riten, die man für die kritischen Punkte im Lebenslauf erbitten kann; ein lockeres Raster von Anweisungen für die moralisch zulässigen Grenzen des Verhaltens. Daneben können die vorhandenen Institutionen natürlich subsidiär karitative, fürsorgerische und erzieherische Aufgaben übernehmen. Doch diese kann ihnen eine sich weiter differenzierende Gesellschaft auch jederzeit abnehmen, ohne daß innerhalb dieser Sicht ein echter Grund zur Besorgnis entstünde.

Die Kirchen scheinen in der Tat bereit zu sein, nur noch in diesem Umfang gebraucht zu werden. Sie sind auch nicht mehr das, was mindestens die katholische Kirche noch bis in unser Jahrhundert hinein war: Teilphänomen einer umfassenderen Größe, die „Katholizismus" hieß und eine echte Subkultur, ja Gegenkultur darstellte. Die Träger dieser Subkultur, vor allem die sogenannten Verbände, wurden zuerst zur Zeit Hitlers von außen zerschlagen, dann, als sie wieder hätten aufleben können, so innerkirchlich anverwandelt, daß sie nicht mehr sein können, was sie einst waren. Diese Veränderung im gesellschaftlichen Eigencharakter des sogenannten Katholizismus wird noch kaum wahrgenommen.

Den vollen Anspruch der frühen Christenheit, echte Gegengesellschaft zu sein, haben die Kirchen ganz vergessen. In der funktionalen Systemgestalt, in die sie immer stärker hineinwachsen, wollen sie dagegen möglichst alleinzuständig sein. Da kämpfen sie, auch politisch, um ihren Einfluß und verfassen Denkschriften und Bischofsworte. In dem Sinne, in dem es ihnen die Gesellschaft zuteilt, möchten sie den Staat schon in der Hand haben.

Das ist alles viel subtiler und schwieriger zu durchschauen als bei David, wo es schlicht um die Verwandlung einer Gegengesellschaft gegen das staatliche System in einen Staat ging. Aber im Grunde ist es doch etwas Vergleichbares. Wie David zum Territorialprinzip übergehen mußte, so wird auch heute das Prinzip der Freiwilligkeit des Glaubens verdrängt. Parallel dazu wird vergessen, daß für die, welche glauben, der Auftrag nicht nur darin besteht, letzte Sinngebung zu vermitteln, sondern ihnen zu einem anderen Leben in allen gesellschaftlichen Dimensionen zu helfen.

Wenn die Kirchen sich entschließen könnten, nicht mehr dem Staat zugeordnete Anstalten für die Trägerschaft der letzten Sinngebung im Rahmen einer sonst glaubensunabhängig und nach je eigenen regionalen Gesetzen funktionierenden Gesellschaft zu sein, sondern ein Organismus von „Gemeinden", die alle ihrer Größe zukommenden gesellschaftlichen Funktionen wahrnehmen, dann könnte man die Frage nach Kirche und Staat ganz neu stellen.

Dann könnte die Kirche einen Staat um so weniger gebrauchen, je autoritärer, absoluter, wohlfahrtsgläubiger und bürokratiebesessener er ist. Dann könnte es sein, daß die Kirche nichts dringender wünschte als einen Staat, der einerseits möglichst viele Grundrechte sicherte und andererseits neuen und alternativen Formen gesellschaftlicher Verwirklichung möglichst liberal Raum gewährte.

Das sind klassisch demokratische Leitbilder. Warum träumt die Kirche also immer wieder vom König David?

Der Weg aus der Gewalt

Ist die Bergpredigt lebbar? Sie fordert den Gewaltverzicht. „Ihr habt gehört, daß gesagt wurde: Auge um Auge, und: Zahn um Zahn (Ex 21,24; Lev 24,20; Dtn 19,21). Ich aber sage euch: Ihr sollt dem Bösen nicht widerstehen! Vielmehr: Wenn dich jemand auf die rechte Wange schlägt, so halte ihm auch die andere hin" (Mt 5,38f). So bei Matthäus. In der Parallelfassung bei Lukas heißt es: „Liebt eure Feinde. Tut Gutes denen, die euch hassen. Segnet die, die euch verfluchen. Betet für die, die euch foltern. Dem, der dich auf die eine Wange schlägt, halte auch die andere hin. Dem, der dir den Mantel wegnimmt, laßt auch das Hemd" (Lk 6,27–29).

Daß Jesus von den frühen Gemeinden mit diesen Forderungen wörtlich genommen wurde, zeigt das Echo der Sätze im Römerbrief des Paulus und im 1. Petrusbrief: „Vergeltet nicht Böses mit Bösem, nicht Kränkung mit Kränkung. Statt dessen segnet. Denn ihr seid dazu berufen, Segen zu erlangen" (1 Petr 3,9); „Vergeltet niemand Böses mit Bösem ... Wenn dein Feind Hunger hat, gib ihm zu essen. Wenn er Durst hat, gib ihm zu trinken ... Laß dich nicht vom Bösen besiegen, sondern besiege das Böse mit dem Guten" (Röm 12,17–21). Wer auch immer hier mit „Feind" gemeint ist, wie auch immer man diese Forderungen konkret verstand – ihr Grundduktus ist klar: Verzicht auf Gewalt, und zwar gerade dann, wenn von anderer Seite aus Gewalt gegen einen angewendet wird.

Dies läßt sich aus der Bergpredigt Jesu, der in einer frühen Gemeinde zusammengestellten klassischen Zusammenfassung der von Jesus entworfenen Sozialordnung, unter keinen Umständen herausoperieren, ohne sie als ganze zu zerstören. So bleibt einem, will man sein Leben nicht danach einrichten, nur übrig, die Bergpredigt und damit den Jesus der Evangelien aus dem Bewußtsein zu verdrängen oder aber interpretatorische Tricks anzuwenden. Liegt einem beides nicht, dann muß man eben offen widersprechen.

Die interpretatorischen Tricks sehen so aus, daß man sagt, es ginge nicht um äußeres Tun, sondern nur um eine innere Einstellung. Oder man sagt, alles sei schockierend-paradoxe Rede, nicht jedoch anwendbare Verhaltensregel. Oder man spricht von „Zielgeboten". Oder man räumt zwar Geltung für das Privatleben, nicht aber für die Gesellschaft ein. Oder irgendwie so ähnlich.

Die schlichte Ablehnung der Bergpredigt ist besonders peinlich, wenn sie geradezu im Namen der Kirche auftritt. So heißt es in dem 1975 erschienenen „Katholischen Katechismus" von A. Schraner, der in manchen Kreisen wegen seiner Rechtgläubigkeit geschätzt wird und für den es auch einen empfehlenden Brief des Kardinalstaatssekretärs J. Villot gibt:

> *(Frage) Sind die Anweisungen in der Bergpredigt (Mt. 5.–7. Kap.) wörtlich zu nehmen?*
> *(Antwort) Die Anweisungen in der Bergpredigt sind nicht wörtlich zu nehmen, weil das sowohl im privaten wie im öffentlichen Leben zu unhaltbaren Zuständen führen würde.*

Wem das unglaublich klingt, der mag aber bedenken, daß es auch durch die Lebenspraxis der Mehrzahl derer, die sich Christen nennen, gedeckt ist, ja sogar durch die konkreten Ausformulierungen der christlichen Morallehren.

Insgeheim glauben wir doch gar nicht, daß Jesus Realist war. Zumindest was Gewalt und Gewaltlosigkeit angeht, mag es ja richtig gewesen sein, daß er selbst einmal ein großes Vorbild aufgestellt hat, indem er sich ohne Gegenwehr umbringen ließ. Aber das mag von heroischen Einzelgestalten nachgeahmt werden. Auf das normale soziale Verhalten und auf das gewöhnliche Zusammenleben der Menschen ist es unübertragbar.

Und doch liegt in dem von Jesus von Nazaret her möglichen Aussteigen aus dem alles beherrschenden Kreislauf der Gewalt, und zwar in gesellschaftlichem, nicht nur individuellem Aussteigen, die einzige Chance für unsere Welt.

Das Entscheidende an diesem Satz ist, daß das Aussteigen aus dem Kreislauf der Gewalt von Jesus her *möglich* ist. Die Richtigkeit des Wegs ist vielfach gesehen worden, lange vor Jesus, in verschiedensten Kulturen und Philosophien, heute häufiger denn je. Doch es waren Einsichten und waren Hoffnungen, nicht mehr. Immer blieb die Frage: Wie kann die Gesellschaft es schaffen?

Auch die Offenbarung des Alten Testaments ist darüber noch nicht hinausgekommen.

Das Alte Testament und die Gewalt

Das Alte Testament spiegelt trotz des neuen, Gleichheit und Brüderlichkeit erstrebenden Grundansatzes im ganzen immer noch die offenbar von Anfang der Menschheit an herrschende Grundkonstruktion der Gesellschaft. Der Friede wird durch gezielten Einsatz von Gewalt gesichert, um wenigstens die chaotische Gewaltausbreitung zu verhindern. In den primitiven Gesellschaften geschieht das präventiv durch das die Rivalitäten besänftigende blutige Opferritual, das auf dem vor allem von René Girard beschriebenen Sündenbockmechanismus beruht. In den höheren Gesellschaften kommt das Justizwesen mit seiner kanalisierten Gewaltsanktion hinzu. Allmählich wird der Staat zum einzigen Hüter legitimer Gewalt. Nach außen sichern sich die Staaten durch die Bereitstellung militärischer Gewalt.

Diesen Strukturen entging auch nicht das frühe Israel, noch weniger das spätere, staatlich organisierte. Es besang die Eroberungskriege, durch die es in den Besitz seines Landes gekommen war, als gerechte Taten seines Gottes.

In den menschlichen Gesellschaften wird der Gewaltaspekt der gesellschaftlichen Konstruktion der Wirklichkeit durchgehend verschleiert und aus dem Bewußtsein verdrängt. Hier zeigt sich ein erster Unterschied des Alten Testaments. In ihm wird, zumindest im Laufe der Zeit, die Gewaltverhaftung der eigenen Welt aufgedeckt. Das dürfte auch der Grund dafür sein, daß das Alte Testament blutiger erscheint als viele andere grundlegende Schriften der Weltreligionen.

Viele Christen verabscheuen das Alte Testament, weil es ihnen als zu grausam erscheint. Sie glauben, dieses Urteil im Namen Jesu und des Neuen Testaments zu fällen. Aber stehen die meisten, die so urteilen, in ihrem eigenen Leben zur Bergpredigt? Wenn sie dazu stünden: Würden sie dann nicht gerade vom Neuen Testament her die Kraft aufbringen, dem Menschen, wie er von sich aus ist, offen ins Auge zu sehen? So besteht die Vermutung, daß diese Verachtung des Alten Testaments schlicht aus den üblichen Verdrängungsmechanismen jener Gesellschaften stammt, die zwar auf Gewalt aufgebaut sind, sie aber nach

Möglichkeit vertuschen. Dazu gehört auch die unsere. Das Neue Testament dient nur als Vorwand. Ein solcher Abscheu vor dem Alten Testament ist gewissermaßen noch vor-alttestamentlich und hat noch gar nicht jene Stufe erreicht, die zumindest im Alten Testament schon erklommen ist: daß die Gewalt als solche erkannt und benannt wird.

Das Alte Testament deckt die Gewalt nicht nur auf, sondern ringt auch zumindest um das Bild einer Gesellschaft, die von ihr frei ist. Hierhin gehört die prophetische Opferkritik, die den Zusammenhang des Opferwesens mit dem menschlichen Hang zur Gewalttätigkeit erkennt. Hierhin gehören die prophetischen Warnungen davor, sich auf das Machtspiel der Politik und auf militärische Abwehrkraft zu verlassen, wenn es um Israels Existenz geht. „Glaubt ihr nicht, so bleibt ihr nicht" (Jes 7,9) meint im Zusammenhang, daß der Staat Juda auf seine nationale Notwehr verzichten soll. Im vierten Gottesknechtslied des Jesajabuchs (Jes 52,13 – 53,12) entwirft ein exilischer Prophet ein Bild von der Erlösung der Welt gerade aus der Durchhaltekraft des ungerecht verfolgten Israel. Es schlägt nicht mehr zurück, wenn es geschlagen wird. So durchbricht es endlich den ewigen Kreislauf der Gewalt in der Welt und ermöglicht es Gott, den Völkern Heil zu geben.

Solche Entwürfe stehen in letztem Einklang mit dem auf „Bruderschaft" aufgebauten Gesellschaftsentwurf, dessen Anfänge aus Israels Frühzeit stammen und dessen volle Form Israel in der „Tora", seinem „Gesetz", besaß, auch wenn die Möglichkeit der Überwindung der Gewalt sich darin nicht von Anfang an ausdrücklich ausgesprochen hatte.

Die prophetischen Visionen der Gewaltlosigkeit blieben aber selbst auch Entwürfe, die nicht die Kraft hatten, sich prägend durchzusetzen. Neben ihnen stehen auch in der Spätzeit des Alten Testaments noch Hoffnungsbilder, die den endzeitlichen Einbruch der Gottesherrschaft als Völkergericht, ja als gewaltiges göttliches Blutbad einer Völkerschlacht schildern, in der eine geradezu göttliche Gewalt endlich der Gerechtigkeit in der Welt zum Durchbruch verhilft.

Diejenigen, die in Israel das Ende der Gewalt erhofften, waren sich auch voll darüber im klaren, daß sie auf etwas hofften, was vom Menschen aus nicht machbar war. Vielleicht ist das sogar die Hauptintention all der kosmischen Visionen vom Untergang der Welt, ja selbst der Vorstellung vom Blutbad der göttlichen Völkerschlacht. Wenn die paulinische Theologie später sagen wird, wir seien allein durch Gnade gerettet, dann ist das in anderer Sprachform die gleiche Aussage.

Deshalb bleibt die Frage nach dem Ausbruch aus dem Kreislauf der Gewalt am Ende immer eine Faktenfrage. Die Theorie ist sogar einsichtig. Aber sie hilft nichts. Die Frage ist: Hat Gott gehandelt und wird uns die Durchbrechung des Zirkels von Gott her geschenkt?

Christlich lautet die Frage: Hat Gott im Zusammenhang mit diesem Menschen Jesus von Nazaret gehandelt? Ist hier, genau besehen, nicht ein Mensch, sondern Gott selbst am Werk gewesen? Ist hier faktisch der Kreislauf der Gewalt durch letzte Radikalität des Verzichts auf Gewalt durchbrochen worden und ist allein aus diesem Grund von Jesus an in unserer Welt die Möglichkeit zu gewaltloser Gesellschaft gegeben?

Jesus proklamierte die Ankunft der gewaltfreien Gesellschaft

Am besten beginnt man genau da, wo auch die Evangelien, die die frühe Kirche geschrieben hat, beginnen: bei der Trennung Jesu von Nazaret von seinem Lehrer, Johannes, genannt der Täufer. Denn hier wird unmittelbar das Neue deutlich, das mit Jesus da war.

Jesus war Täuferjünger. Zumindest ließ er sich von Johannes taufen. Er muß in genau der gleichen brennenden Naherwartung gelebt haben wie der Täufer. Die Not dieser Welt war so groß geworden, daß es nicht mehr weit sein konnte bis zu dem Punkt, wo Gott handeln würde und das bringen würde, worauf Israel seit Jahrhunderten wartete. Es kam darauf an, diejenigen, die dieser untergehenden Welt nicht verfallen waren, zu sammeln und zu bereiten, damit sie durch den Zusammenbruch der alten Gesellschaft hindurchgerettet wurden. Mit letzter moralischer Kraft mußten sie sich an der von den Vätern bekannten richtigen Sozialordnung orientieren, ihre Abkehr von den herrschenden Werten bekennen und sich in der Symbolhandlung der Jordantaufe auf das kommende Neue hin gewissermaßen versiegeln lassen. Das war alles, was der Mensch tun konnte. Aber das mußte er mit voller Kraft tun: umkehren und, soweit es an ihm lag, schon richtig leben. Dann mußte das reinigende Feuer Gottes kommen, aus dem die neue Wirklichkeit hervorgehen würde. Diese Botschaft hat auch Jesus angenommen, als er sich taufen ließ.

Bis er eines Tages wegging und selbst mit einer anderen Botschaft auftrat! Sie schloß an die des Täufers haargenau an, aber sie war doch ganz anders. Er sagte nicht mehr: Kehrt um, damit ihr bei den Geretteten seid, wenn

Gott kommt. Er sagte: Jetzt ist Gott am Kommen; kehrt um, indem ihr euch in seinen heraufkommenden Herrschaftsbereich aufnehmen laßt. Es muß in diesem Handwerkersohn aus dem galiläischen Dorf eine unerhörte Einsicht gewesen sein, als ihm klar wurde, daß niemand mehr warten muß, daß jetzt alle Erwartungen sich erfüllen.

Wir wissen noch nicht einmal, ob er alle Bilder als Bilder durchschaute. Vielleicht hat er durchaus damit gerechnet, daß das, was jetzt zunächst unscheinbar begann, dann, wenn es wuchs, plötzlich auch als Sonne, Mond und Sterne wirklich durcheinanderbringende kosmische Verwandlung weitergehen würde, daß ein Menschensohn, wer immer das war, auf den Wolken des Himmels erscheinen würde zu einer alles scheidenden Gerichtsaktion. Entscheidend ist, daß er überzeugt war, daß Gott jetzt schon handelte und jenen Raum in unsere Welt hineinführte, in dem die Sünde und die Gewalt nicht mehr nötig waren, damit Menschen miteinander leben konnten. In diesen Raum trat man ein, sicher: indem man umkehrte. Aber die Umkehr war einfach Vertrauen darauf, daß es jetzt möglich ist, anders zu leben. Wenn man darauf setzte, dann ging es auch.

Es zeigte sich einfach, daß es ging. Um Jesus herum wurde die Welt der Menschen anders. Weil Jesus mit allen anders umging, begann man überhaupt, anders miteinander umzugehen. Was zerstreut war, was kontaktlos nebeneinander herlebte, fand sich zusammen, sammelte sich um diesen Menschen. Man wußte auf einmal, daß sich in diesem Kreis neu verwirklichte, was von Anfang an die gesellschaftliche Idee von Israel gewesen war. Es war ein geradezu selbstverständlich sich ergebendes Zeichen, daß Jesus zwölf von denen, die seinen Umkreis bildeten, herausholte, um durch das Symbol der Zwölfzahl anzuzeigen, daß hier von neuem Israel sei.

Die Umkehr in das angebotene, ja vorhandene Neue hinein war keineswegs leicht. Immer wieder saugte die alte Welt die Herzen zurück. Immer neu mußte man lernen, sich an das unerhört Andere zu gewöhnen. Noch kurz vor seinem Tod muß Jesus es den Zwölfen erklären, wie sehr hier alles bisher Gewohnte auf den Kopf gestellt ist: „Ihr durchschaut doch, daß die, die man Herrscher nennt, ihre Völker unterdrücken, und daß die Mächtigen die Macht, die sie über Menschen haben, mißbrauchen. Das darf bei euch nicht so sein. Sondern wer bei euch groß sein will, der muß euer Diener sein, und wer bei euch der Erste sein will, der muß der Sklave von allen sein" (Mk 10,42–44).

Das Neue mußte immer wieder erklärt werden. Aber es legte sich auch selbst aus. Die Wirklichkeit des Menschen – gemeint ist die reale, leibliche Wirklichkeit – ist viel beweglicher und wandelbarer und in ganz anderem Ausmaß von dem, was gesellschaftlich der Fall ist, abhängig als wir gemeinhin annehmen. Auch die Meinung, daß Krankheiten sein müssen und daß sich im Grunde recht wenig daran ändern lasse, gehört in den Bereich der Täuschung und Verneblung, die eine vom Bösen her konstruierte Gesellschaft verbreitet. Da, wo in Jesus und seinem Umkreis neuer Anfang neuer Gesellschaft real da ist, reißen die Nebel. Jesus war der große Heiler – ein historisch nicht wegzudisputierendes Faktum. Um ihn herum wurden die Kranken gesund. Wo man lernt, aus dem Vertrauen zu leben, hat man es nicht mehr nötig, in die Krankheit zu fliehen.

Was hinzukommt und ebenfalls aus den Berichten der Evangelien einfach nicht wegretuschiert werden kann, sind die Dämonenaustreibungen. René Girard hat aufgezeigt, wie eine letztlich von Gewalt zusammengehaltene Gesellschaft gerade dann, wenn dies zugleich verschleiert wird, vom Unbewußten der Menschen her die vielfachen Ängste und Nöte sich in allen möglichen seelischen Zerspaltungen, Zerrissenheiten, Besessenheiten äußern läßt, die den einzelnen und über ihn dann alle miteinander quälen. Sie nehmen je nach Kulturzusammenhang verschiedene Gestalten an. In Jesu Zeiten waren es vor allem die Dämonen, die personifiziert die einzelnen Menschen quälten. Auch dieser Spuk löste sich im Umkreis Jesu auf.

Durch solche Verwandlung der innerhalb der herrschenden gesellschaftlichen Strukturen gar nicht in die Freiheit des Menschen gegebenen Übel in Heil und Normalität des Menschseins gab sich das Neue sichtbar kund. Man konnte diese Tatsachen durch geistige Akrobatenstücke uminterpretieren („durch den Teufel treibt er die Teufel aus" Mk 3,22 parr), die Fakten leugnen konnte man nicht. Und die Fakten sprachen, auch wenn man sie zerredete. Sie legten die neue Wirklichkeit aus, die einfach da war.

Vielleicht wirkt es überraschend, daß ich, wo ich von Gewalt und Gewaltlosigkeit handeln will, nacheinander auf alle Hauptgegenstände der evangelischen Erzählungen zu sprechen komme. Läuft das nicht am Thema vorbei?

Aber wo dieser Eindruck herrscht, dürfte schon wieder die mit der Gewalt sich stets verbindende Verschleierung derselben am Werke sein. Sie macht es uns möglich, das Thema Gewalt immer wieder an den Rand des Bewußtseins zu drängen. Sie macht die Gewalt zu einem Nebenphänomen, zu einer Sache unter vielen, die sich im menschlichen Leben abspielen. Und dann kann man die ganzen Berichte über die Verkündigung Jesu (die Herrschaft Gottes sei gekommen) und über sein Auftreten (Sammlung Israels, Heilungen, Dämonenaustreibung) lesen, ohne auch nur auf die Idee zu kommen, daß dies alles etwas mit Gewalt und Gewaltlosigkeit und den grundlegenden Konstruktionsprinzipien der real existierenden menschlichen Gesellschaften zu tun habe.

In Wirklichkeit aber hängt alles, was die Evangelien zu erzählen haben, daran, daß hier ein Mensch auftrat, der selber völlig frei war und niemanden als seinen Rivalen betrachten mußte; ein Mensch, der jeden andern ganz in seine eigene Freiheit hineinentließ und in keiner Weise Zwang auf ihn ausübte. Weil er zutiefst gewaltlos war, konnte er völlig wahr und unverfälscht über Gott als seinen Vater sprechen und auf seinem Weg eine verwandelte Welt hinter sich zurücklassen. Nur weil man instinktiv wußte, daß man von ihm niemals etwas zu fürchten hatte, konnte man seine eigenen Sicherungen preisgeben und jene sonst unterdrückten Möglichkeiten des Herzens aufblühen lassen, die man in einem tiefen Sinn Vertrauen, Glauben, Liebe nennt. Nur deshalb auch wurde das möglich, was in den Evangelien „Nachfolge" genannt wurde.

Die neue Gesellschaft Gottes verbreitete sich im Strahlungsraum Jesu nicht aufgrund einer Planung und eines Aktionsprogramms. Jesus war auch kein Modell, das man nachahmen sollte. Da wäre man ja schon wieder bei der von Girard als Ausgangspunkt menschlicher Neigung zur Gewalttätigkeit beschriebenen Mimesis gewesen, die in Rivalität umzuschlagen und in Gewalt zu enden pflegt. Der Weg der Ausbreitung der neuen Gesellschaft war vielmehr Nachfolge: neidlose Identifizierung mit dieser Person, die selbst ganz offen war auf einen „Vater im Himmel", der seine Sonne aufgehen ließ „über Bösen und

Guten" (Mt 5,45), mit der man sich also auch identifizieren konnte, ohne Angst davor zu haben, daß einem irgendwo irgend etwas geneidet würde.

Daß die Gewalt aus den Wurzeln des Umgangs der Menschen miteinander herausgenommen wurde, war also schon eine ganz zentrale Kennzeichnung dessen, was in den Evangelien „Gottesherrschaft" genannt wird und was in Jesus und seinem Umfeld als wirklich Neues da war.

Daß dies nicht falsch gesehen ist, wird daran deutlich, daß dies alles die damals real existierende Gesellschaft, eine Gesellschaft der üblichen Art, ja keineswegs unberührt gelassen hat. Sie wurde auf eine Weise affiziert und hat auf eine Weise reagiert, wie es deutlicher nicht sein könnte.

Die gewaltbestimmte Gesellschaft wird bloßgestellt

Im Matthäusevangelium ist eine lange Rede Jesu zusammengestellt, die sich gegen die Schriftgelehrten und Pharisäer richtet, also gerade gegen die Gruppen, die zur Zeit Jesu am ehesten als die religiös eifrigen und auf ein Leben nach Israels Sozialordnung bedachten angesehen werden können. Sie waren allerdings in all dem zugleich auf Einfügung in die vorgegebenen Ordnungen und Herrschaftsverhältnisse aus.

Die Rede (auf deren jesuanische Authentizität im einzelnen es in diesem Zusammenhang nicht ankommt) gipfelt in der Anklage: Ihr seid Söhne von Prophetenmördern, und ihr macht das Maß eurer Väter voll, wenn ihr recht bald auch die christlichen Propheten, Weisen und Schriftgelehrten töten, kreuzigen, auspeitschen und von Stadt zu Stadt verfolgen werdet (Mt 23,31.34).

Dies alles war noch nicht sichtbar. Aber Jesus deckt es in seinem Wort auf. Wenn die Stunde kommt, wird es sich dann auch selbst als die jetzt noch verborgene, aber insgeheim schon längst vorhandene gewaltbesessene Wirklichkeit aufdecken. Es wird dabei umfassenderes Chaos universaler Gewalttat heraufbeschwören. Denn im folgenden Kapitel ist die Rede vom jüdischen Krieg und der Zerstörung Jerusalems, und dies alles steht wieder im Zusammenhang von Kriegen, die die ganze Erde anfüllen.

Inmitten dieser weit ausgreifenden Enthüllung der verborgenen Wirklichkeit fällt nun ein eigentümliches Wort: „Über euch (also die Generation, die mit der Realität Jesu konfrontiert ist) wird *alles* unschuldige Blut kommen, das auf der Erde vergossen worden ist, vom Blut Abels, des Gerechten, bis zum Blut des Zacharias, Barachias' Sohn, den ihr im Vorhof zwischen dem Tempelgebäude und dem Altar ermordet habt ... Das alles wird über diese Generation kommen" (Mt 23,35f).

Es soll sicher nicht gesagt werden, daß die Generation der Zeit Jesu für alle Blutschuld früherer Generationen stellvertretend bestraft werden soll. Die Kategorie „Strafe" ist hier überhaupt unangemessen. Was gegenüber allen früheren Generationen neu ist, ist vielmehr: Durch die Existenz Jesu und der um ihn herum entstehenden gewaltlosen Gesellschaft gerät die alte Gesellschaft in eine völlig neue Situation, und erst recht durch das hinzukommende, alles aufdeckende Wort Jesu.

Jetzt erst wird ganz offenkundig, was insgeheim die menschliche Geschichte seit Kain und Abel beherrscht hat. Jetzt werden die Menschen erst mit der untergründigen Gewalt voll konfrontiert, die die fehlkonstruierten Gesellschaften zusammenhielt.

So bleibt ihnen keine Ausflucht mehr. Jetzt trifft sie

Verantwortung. Jetzt müssen sie sich lossagen – oder die Gewalt nimmt bei ihnen eine Gestalt an, die sie bisher so noch niemals hatte.

An ihnen kann ausbrechen, was bisher nur latent da war. Insofern kommt alles Blut über sie, das seit Anfang der Menschheitsgeschichte vergossen wurde.

Wenn diese Aussage wahr ist, dann ist das faktische Auftreten gewaltlosen menschlichen Zusammenlebens, dieser wahrhafte Mutationssprung in der Evolution der menschlichen Gesellschaft, eine höchst riskante Angelegenheit. Wo der Schritt in die neue Wirklichkeit hinein gewagt wird, gibt es nur Staunen und Wunder. Wo er aber verweigert wird, ist dann doch nicht mehr alles beim Alten. Die alte Gesellschaft kann sich nicht verhalten, als sei nichts geschehen.

Paradoxerweise erscheint Jesus dann nicht als der Friedensbringer, sondern als der Entzweier. Das muß für ihn selbst eine harte Einsicht gewesen sein. Er hat sie folgendermaßen formuliert: „Meint nicht, ich sei gekommen, um Frieden auf die Erde zu bringen. Ich bin nicht gekommen, um Frieden zu bringen, sondern das Schwert. Denn ich bin gekommen, um den Sohn mit seinem Vater zu entzweien und die Tochter mit ihrer Mutter und die Schwiegertochter mit ihrer Schwiegermutter. Unter seinen eigenen Hausgenossen wird ein jeder Mensch seine Feinde haben“ (Mt 10,34–36 par).

Walter Jens mag sich freuen, hier nun doch einen Aufruf zu revolutionärem Kampf zu finden. Aber aus allem anderen in den Evangelien ist zu klar, daß Jesus ein Friedenstifter ist und die Friedenstifter seligpreist (Mt 5,9). Doch indem er als Friedenstifter kommt, löst er unter den Menschen Streit aus. Er entlarvt allein durch seine Existenz die gewohnten Formen menschlicher Eintracht als trügerisch, selbst die am meisten als solche eingeschätzten: Familie und Gemeinschaft des Wohnens. Deshalb wirkt er als Schwert und als Störenfried.

Auf dem Grund unserer besten Beziehungen lagern geheime Zwietracht und Rivalität. Sobald auch nur ein Beteiligter bei der Begegnung mit Jesus der wahren Möglichkeiten von Eintracht innewird, bricht, was vorher niedergehalten wurde, offen aus. Nicht Versöhnung entsteht, sondern Entfremdung, Entzweiung, Vernichtungsphantasien.

Die gewaltbestimmte Gesellschaft gegen ihren Entlarver

Solche Dinge entfesseln sich zwischen Menschen, die bisher eins zu sein wähnten. Jesu Berührung hat ausgelöst, was sprungbereit lauerte. Doch in einem zweiten Akt wenden sich die so Entlarvten gegen den, dessen reines Sein sie entlarvte. Wir erleben, wie der Sammlung Israels zur neuen Gesellschaft Gottes, die Jesus initiiert, eine andere, gegenläufige Sammlung gegenübertritt. Alles, was vorher unter sich zerstritten war, vereinigt sich, um Jesus ein Ende zu bereiten.

Mögen auch manche Gruppenbezeichnungen in den Evangelien spätere kirchliche Situationen in das Leben Jesu zurücktragen, es ist dennoch deutlich, daß am Ende, wo man seine Hinrichtung als Revolutionär und Religionsverbrecher erreichte, Gruppen und Kräfte zusammenspielten, die sonst verfeindet gegeneinander intrigierten und sich gegenseitig die Anhänger abzuwerben versuchten.

Dieser Vorgang ist dem von Girard beschriebenen Sündenbockmechanismus ähnlich, und er ist doch wieder anders. Denn ein Sündenbock in dem von Girard gemeinten Sinn bleibt selbst ganz innerhalb des Systems, das ihn, um wieder Frieden zu schaffen, vernichtet. Er begreift nicht, was in Wahrheit vor sich geht.

Er übernimmt die Projektionen, die sich auf ihn verdichten. Der vom Gericht zum Tod Verurteilte glaubt, er sei wirklich des Todes schuldig, und es sei gerecht, daß jetzt sein Leben zu Ende geht. Die Projektionen treffen den Sündenbock auch zufällig. Sie könnten jeden anderen ebenso treffen.

Das ist bei Jesus anders. Er *ist* der Sündenbock, der alle um ihren – wenn auch zutiefst faulen – Burgfrieden gebracht hat. Wenn er getötet wird, ist in einem schrecklichen Sinn sogar wahr, was der Sündenbockmechanismus sonst nur zu leisten vorgibt: Man vernichtet wirklich den, der die Situation heraufbeschworen hat, die man beenden will.

Und es ist grausam zu sehen, wie Jesus offenen Auges in das gezückte Messer hineinlief – und doch nicht anders konnte, wollte er nicht das verraten, was er endlich, endlich in die Geschichte der Menschheit hineingebracht hatte: den Verzicht auf Gewaltanwendung.

Alles muß schon früh begonnen haben, bald nachdem er öffentlich aufzutreten begann. Markus jedenfalls setzt die Ereignisse ganz früh in Galiläa an.

Jünger haben bei einer Wanderung am Sabbat Hunger und pflücken einige Ähren – das war durchaus erlaubt, nur am Sabbat war es verboten, als „Erntearbeit“. Sabbatbruch bedeutete Todesstrafe, so das herrschende frommbrutale System. Allerdings verlangt das gleiche System zunächst eine Verwarnung des Verantwortlichen und dann dessen Wiederholung der Tat. Dann erst kann man gegen ihn als Sabbatschänder gerichtlich vorgehen.

Jesus wird daher zur Rede gestellt. Er gibt eine Antwort, die keine Furcht verrät: Auch David hat sich nicht an Vorschriften dieses Typs gehalten, wenn er Hunger hatte. Also: Vor Gott zählt zunächst der Mensch, und dann erst kultische Tradition. Aber sie haben ihn verwarnt.

Jetzt brauchen sie noch eine zweite Übertretung. Deshalb wird er an den kommenden Sabbaten beschattet. Es kann nicht anders gehen, bald ist der zweite Konfliktfall da: Ein Mann mit einer erstarrten Hand. Jesus kann es weder lassen, auf diesen Mann so zuzugehen, daß er gesund wird – wieder eine Sabbatschändung, denn auch die Ausübung ärztlicher Kunst war am Sabbat verboten, auch das war ja „Arbeit“ –, noch kann er es lassen, das, was sich ereignet, auch offen beim Namen zu nennen.

Jene angstfreie, gewaltlose neue Gesellschaft ist nun einmal auf Offenheit und Wahrheit aufgebaut. Wo nicht alles zur Sprache kommt, was vor sich geht, da kommt vertrauende Gemeinschaft nicht zustande. Und wo Böses ist, muß es auch angesprochen werden. Nur dann löst es sich auf – oder, denn der Mensch ist ja frei, verstockt es sich in seiner Bosheit.

So ruft Jesus den Mann mit der erstarrten Hand in die Mitte der Synagoge. Dann sagt er zu seinen Beschattern: „Was ist am Sabbat das Richtige: Gutes tun oder Böses tun? Jemanden retten oder jemanden töten?“ (Mk 3,4). Sie schwiegen. Er war voll Zorn, blickte sie alle an, war traurig über die Verstockung, die in ihnen anwuchs, und dann heilte er den Mann. Sie gingen hinaus, und draußen berieten sie, was die nächsten Schritte auf seine Vernichtung hin sein könnten. *Sie* waren am Sabbat also aufs Töten aus.

Von dieser Grundstruktur ist alles, was sich dann entwickelt. Jesus ist, wie er sein muß. Allein dadurch sind seine Gegner zutiefst getroffen. Denn das, was sie eigentlich treibt, liegt vor ihm zutage. Ein Mechanismus läuft weiter, der nur so enden kann, daß die eingesetzte Gewalt, und sei sie noch so legal, ihn am Ende vernichtet.

Die letzten Tage seines Lebens in Jerusalem sind in den synoptischen Evangelien offene Konfrontation. Am deutlichsten ist vielleicht das Gleichnis von den bösen Winzern. In ihm sagt Jesus schon voraus, daß er umgebracht werden wird. Die Pächter des Weinbergs mißhandeln und töten einen Boten nach dem andern – alle, die der Herr des Weinbergs schickt. Israel hat alle Propheten mißhandelt und getötet. Am Ende schickt der Herr des Weinbergs seinen Sohn. Die Pächter sagen: „Das ist der Erbe. Töten wir ihn! Dann ist der Weinberg unser" (Mk 12,7). Und sie tun es.

Hier enthüllt Jesus den letzten Grund der Feindschaft, die sich gegen ihn zusammenballt. Er ist der „Sohn". Lassen wir ruhig jede entfaltete dogmatische Christologie beiseite, obwohl sie hier im Ansatz schon gut enthalten ist. Nehmen wir nur das, was „Sohn" im Rahmen dieses Gleichnisses besagt: eine sonst nicht vorhandene Unmittelbarkeit dieses Menschen zum wahren Gott; seine Vollmacht, alles Festgefahrene und Übliche neu in die Hand zu nehmen und es in neuer Ursprünglichkeit neu zu ordnen. Damit wird der Herrenanspruch der Pächter, in den sie sich eingeübt und eingewöhnt haben, als falsch entlarvt. Letztlich gründet die Gewalttätigkeit, in die sie verfallen, also darin, daß sie sich in eine Rivalitätssituation zu Gott gebracht haben. Sie können aus dem von ihnen beherrschten sozialen System nicht herausspringen und der neuen Gottesunmittelbarkeit, die Jesus bringt, sich nicht nachfolgend anschließen, weil sie längst in Konkurrenz zu Gott stehen. Das sagt ihnen Jesus hier. Das trifft den Nagel auf den Kopf, und das bedeutet für ihn den Tod.

In diesen Tagen rechnet Jesus schon fest mit seinem Tod. Er versteht ihn nach den Evangelien vom Schicksal der verfolgten Propheten, vom Bild des vernichteten und auferweckten Gottesknechtes bei Deuterojesaja her. Das geht aus dem hervor, was er seinen Jüngern beim letzten Mahl sagt. Er glaubt, daß Gottes Herrschaft sich gerade darin dennoch durchsetzt. Doch noch zur Gewalt zu greifen, um sich gegen die Gewalt zu verteidigen, lehnt er ausdrücklich ab. Er nimmt sein vorausberechenbares Geschick auf sich. Der Hirt wird erschlagen, die Schafe der Herde zerstreuen sich.

Gottes Traum für seine Menschheit ist zerstört. Die gewaltbestimmte Gesellschaft hat sich als stärker erwiesen. Der Gewaltlose zieht stets den Kürzeren. Gott kommt gegen die menschliche Freiheit nicht auf. Er hat sie ja selbst gewollt. Oder war Gott gar nicht auf der Seite Jesu, war dieser wunderbare Mensch die größte aller Illusionen?

Seit Jesu Tod ist gewaltlose Gesellschaft möglich

Daß sich zwei Jünger verzweifelt auf den Weg nach Emmaus begaben; daß ein zugesellter Wanderer ihnen erklärte, warum dies alles geschehen *mußte* und dem Getöteten gerade so „Herrlichkeit" zuteil wurde; daß sie ihn dann am Brotbrechen erkannten und schnurstracks zurück nach Jerusalem zur schon wieder sich sammelnden Jüngergemeinde eilten, mag eine wunderschöne Legende sein (Lk 24,13–35). Doch was sie ins Bild bringt, ist Tatsache.

Der Tod Jesu war nicht das Ende, sondern eigentlich erst der volle Anfang der gewaltfreien, anderen, endlich humanen Gesellschaft Gottes in seiner Welt. Aus Jesu Tod wurde die Kirche. Sie setzt fort, was Jesus anfing. Der sie belebende „Geist" führt sie in alles ein, was Jesus war und was er gesagt hat (Joh 14,26).

Wir brauchen hier nicht zu erörtern, was in den Wochen nach Ostern im einzelnen geschah; was hinter den Erzählungen von den Erscheinungen Jesu steckt; wie die Jünger sich wieder sammelten; wie sie sich dessen gewiß wurden, daß Gott auf seiten des getöteten Jesus stand und daß es in der Kraft des Geistes weiterhin möglich ist, so wie Jesus zu leben. Dies alles ging vor sich. Und die Gemeinde war da.

Sie lebte anders als die Welt. Die in ihr gesammelten Menschen waren zu ihrem eigenen Verwundern in der Lage, gewaltfrei miteinander umzugehen, einander die volle Wahrheit zu sagen und sich dabei Vertrauen zu gewähren, einander zu lieben und, sich gegenseitig dienend, zuvorzukommen. Die Apostelgeschichte zeichnet das Bild der frühen Gemeinden. Die Briefe des Neuen Testaments spiegeln ihr Leben.

Es lief keineswegs problemlos ab. Aber es war doch von allem bisher in der Menschheit Gewohnten unterschieden. Der von Jesus am Ende des Gleichnisses von den bösen Winzern gesetzte Psalmvers traf zu: „Der Stein, den die Bauleute verworfen haben, er ist zum Eckstein geworden. Das hat der Herr vollbracht. Dieses Wunder ist vor unseren Augen geschehen" (Ps 118,22f G = Mk 12,10f parr).

Von dem her, was wir aus unserer Erfahrung vom Menschen und von den menschlichen Gesellschaften wissen, war es genauso unmöglich, daß es einen Menschen von der Art Jesu von Nazaret geben konnte, wie es nach seiner Vernichtung durch die, die das Normale unserer Welt repräsentieren, erwartbar war, daß jenes gewaltfreie Miteinanderumgehen, das er angefangen hatte, weitergehen und um sich greifen würde. Alles bleibt ein Wunder. Normal und zu erwarten wäre, daß die Kirche, wenn sie schon entstand, sich doch bald – um es biblisch auszudrücken – der „Welt" wieder anpassen würde, in sie zurücksänke.

Gewaltlose Gesellschaft heute?

Hat sie das nicht auch längst schon getan? Weiß sie weithin überhaupt noch, daß ihr Ursprung etwas mit Gewalt und Gewaltlosigkeit zu tun hat? Ja, will sie überhaupt noch ein „Volk", eine „Stadt", eine „Kontrastgesellschaft" sein, leuchtend den Gesellschaften der alten Welt gegenübergesetzt? Hat sie nicht längst darauf verzichtet, die Leiden auf sich zu nehmen, die so etwas provoziert? Hat sie sich nicht – um Zwischenstadien des Mittelalters und der frühen Neuzeit zu überspringen – heute in einer komplexen nachneuzeitlichen Gesellschaft, die in verschiedene fast voneinander unabhängige Sinnregionen aufgeteilt ist, einen bestimmten Sektor zuweisen lassen und gibt sich mit ihm zufrieden: die sonntägliche und an Lebenskrisenpunkte gebundene tröstende Vermittlung des Leidensdrucks der Menschen mit den geahnten Möglichkeiten der Transzendenz?

Auf diese Weise ist sie für unsere Gesellschaft unentbehrlich. Diese läßt sich das auch etwas kosten: den ganz beachtlichen Batzen der ständig aufgebrachten Kirchensteuer zum Beispiel oder das sogenannte Staatskirchenrecht. Aber die Kirche trägt und stützt damit etwas, auf dessen Strukturen sie außerhalb des eigenen Sektors keinen wirklichen Einfluß mehr hat, trotz einiger vielleicht allseits anerkannter „Grundwerte", für die sie öffentlich kämpft. Diese Strukturen sind aber, vor allem im Sinnbereich der Politik und der Wirtschaft, durchaus von Konkurrenz, Rivalität und nur durch Gegengewalt gebändigter Mordlust getragen.

In den Gottesdiensten der Kirche wird weiter von Jesus gesprochen. An vielen einzelnen Punkten bricht die Kraft Jesu auch immer wieder durch. Aber vor ihrer Verschwisterung mit einer Gesellschaft, die man doch beim besten Willen nicht auf die Seite Jesu, sondern nur auf die Seite derer einordnen kann, die Jesus vernichtet haben, steht man ratlos.

Wohlgemerkt: Jesus wurde nicht von einem Nero, Hitler oder Stalin in ein Vernichtungslager gebracht. Seine Gegner waren ehrenwerte und fromme Leute. Sie waren nicht schlechter und verbrecherischer als wir alle. Daß auf dem Grund ihrer Existenz (genau wie auf dem Grund der unsrigen) die Mordlust saß, hat erst Jesu gewaltlos strahlende Gegenwart ans Licht gebracht. Müßte Nachfolge Jesu, da, wo sie wirklich geschieht, nicht ähnliche Reaktionen provozieren – so wenig man das wünschen darf? Was bedeutet es dann, wenn so viele Repräsentanten unserer Gesellschaft der Kirche freundlich-anerkennend auf die Schulter klopfen?

Dennoch: seit Jesus ist Ende der Zeit. Satan, dem nach der Versuchungsgeschichte der Evangelien alle Macht und Herrlichkeit aller Staaten auf der Erde überlassen ist (Lk 4,5 f), ist in seinem Blendwerk entlarvt und ist einmal durch eine gewaltlose Treue bis in den Tod überwunden. Jeder, der will, kann nachfolgen.

Nur hier läßt sich die Gewalt überwinden. Jeder andere

Weg führt zu neuer Gewalt, auch bei erhabensten Zielvorstellungen. Der Kirche ist diese Botschaft und diese Möglichkeit anvertraut. Auch wenn sie uns diesen Brief in einem verschlossenen Umschlag reicht und selbst vergessen hat, ihn aufzumachen und zu lesen – wir können ihn jederzeit öffnen.

In Wirklichkeit ist es völlig falsch, der Kirche irgend etwas vorzuwerfen. Das hieße, schon wieder neue Rivalitäten aufbauen. Die Kirche ist unsere einzige Hoffnung. Nur sie besitzt den Brief. Nur an sie können wir uns halten.

Da die neue Gesellschaft, die keine Gewalt mehr benötigt, niemals durch Planung oder Beschluß von oben gemacht werden kann, sondern stets nur aus der Freiheit der einzelnen entspringt, die sich jenen anschließt, die schon die Wege Jesu gehen, kann der neue Beginn stets nur die Gestalt einer konkreten, nur aus Freiheit zusammengekommenen „Gemeinde" haben.

Ich sage das trotz der Mißverständlichkeit des Worts, das nichts als eine Übersetzung des griechischen Wortes „Ekklesia" ist, sonst mit „Kirche" übersetzt. Auch das Wort „Gemeinde" ist schon durch Realitäten besetzt, die alles andere sind, nur nicht, was „ekklesia" meint. Aber es gibt kein besseres Wort. Am Fehlen des rechten Worts mögen wir ermessen, wie selten die Sache geworden ist. Trotzdem ist nur eine „Gemeinde" im neutestamentlichen Sinn ein Ort, wo man gewaltlos miteinander umgehen, aufeinander vertrauen, einander dienend zuvorkommen kann.

Wir fixieren, falls wir gesellschaftliche Veränderung wünschen, unsere Augen zu schnell auf das Ganze. Aber dann gibt es keinen anderen Weg der Veränderung als die Gewalt oder den Einstieg in das ungeliebte System, um an dessen Kommandozentralen zu gelangen. Doch wenn man dort ankommt, hat man sich längst selbst an das System verloren.

Neue Gesellschaft setzt neuen Anfang voraus, und der ist notwendig klein. Er ist nicht so klein, daß der einzelne es allein beginnen müßte. Das ist der andere Irrtum vieler Christen in unseren Tagen, das, was man die Häresie des „Einzelkämpfers" nennen könnte. Der einzelne geht nicht nur unter, er bewirkt auch nichts. Und so hat es Jesus auch gar nicht gemeint.

Seit Jesus gibt es die Möglichkeit, aus der Zerstreuung gesammelt zu werden, sich anzuschließen und nachzufolgen. Der Weg der Kirche ist ein Weg von Gemeinden. Sind sie auch klein im Vergleich zum Rest der Gesellschaft, sie können durch ihr Beispiel gewaltloser Gemeinschaft mehr in der Welt bewirken als alles andere, was wir uns aussinnen. Auch nur wenige nach dem Neuen Testament lebende christliche Gemeinden könnten Sauerteig im Mehl, Salz in der Suppe, Licht auf dem Leuchter, Stadt auf dem Berg sein. Das sind die Bilder, die Jesus für die Beziehung der gewaltfreien Herrschaft Gottes zur Gesamtheit der Menschen und Völker gebraucht hat.

Wehrdienstverweigerung des einzelnen – respektabel. Amnesty International – o daß sich nur noch mehr beteiligten! Christliche Friedensbewegung – man kann das nur fördern. Dennoch: Die wahre Antwort auf diese geheim und offen unter der Gewalt ächzende Welt ist viel schlichter. Wir müßten uns endlich ganz zur Nachfolge Jesu in konkreter Kirche entschließen. Hier, aber auch nur hier allein, wäre die Bergpredigt dann lebbar. Und das würde genügen. Dadurch könnte die ganze Welt wieder ins Lot kommen.

Die Priester und die Gerechtigkeit

Wenn ich recht sehe, tragen unsere Theologiestudentinnen und -studenten mehrere Fragen mit sich herum, auf die sie zwar, wenn sie sie aussprechen, von ihrer Kirche auch Antworten bekommen, doch sind diese Antworten so, daß die Frager sie in der Mehrzahl nicht wirklich als Antworten annehmen. Eine solche Frage ist zum Beispiel die, warum die Frauen vom kirchlichen Amt ausgeschlossen sind. Eine andere die, warum Priestertum und Charisma der Ehelosigkeit durch Gesetz aneinandergekettet sein müssen, auch wenn dadurch viele Gemeinden ohne Priester sind. Eine dritte Frage dieser Art wird zwar in den Medien weniger hochgespielt, sitzt aber vielleicht noch tiefer. Von ihr soll im folgenden gehandelt werden.

Zumindest ein großer Teil unserer Theologen wird innerlich zerrissen, weil sie sich einerseits dazu gerufen fühlen, der Sache Gottes zu dienen und deshalb ihr Leben der Kirche zur Verfügung zu stellen, andererseits jedoch ein von der Not der menschlichen Gesellschaft und der Zerstörung unserer Lebenswelt tief verwundetes Bewußtsein haben und hier helfend eingreifen möchten. Sie glauben sich sicher zu sein, daß dies gar nicht zwei verschiedene Dinge sind. Aber wenn sie die Wirklichkeit der Kirche und die ihnen gebotene Ausbildung ins Auge fassen, sehen sie auch wieder nicht, wie sie beides zusammenbringen können.

Der Jesuitenorden hat auf seiner letzten Generalkongregation dieses Problem auf die Formel gebracht: Wie gehen Dienst am Glauben und Einsatz für die Gerechtigkeit zusammen? Für den Theologiestudenten, der gewillt ist, sich zum Priester weihen zu lassen und dann Dienst im Rahmen der konkreten Kirche zu tun, sieht es offenbar oft so aus, daß er tief in sich, oft kaum geäußert, eine rabiate Entschlossenheit trägt, seinen Dienst am Glauben doch so zu tun, daß er zugleich einer Verwandlung der Gesellschaft und der Rettung eines Stücks unserer Welt aus der im Gang befindlichen großen Zerstörung dient. Wie – darüber können die wenigsten sich eine Vorstellung bilden. Und wenn man die Wirklichkeit des priesterlichen Alltags kennt, auf den sie zugehen, kann man nur Angst bekommen für Menschen, die derartige Lebensziele mit sich herumtragen und in der Kirche und Welt, wie sie sind, miteinander vereinbaren wollen.

Das ist der Hintergrund, vor dem die folgenden Überlegungen stehen. Sie setzen voraus, daß die beschriebene Doppelausrichtung im Bewußtsein vieler Theologiestudenten, die auf das Priestertum zugehen, nicht nur faktisch vorhanden ist, sondern auch ihre sachliche Berechtigung hat.

Doch zugleich gehen sie davon aus, daß diese Doppelausrichtung des Bewußtseins mit der Kirche, die konkret in unseren Landen existiert, und mit der Rolle, die sie konkret ihren Priestern zuteilt, nur schwer in Einklang gebracht werden kann.

Deshalb läßt sich über die hier sich ergebenden Fragen nur sprechen, wenn ich sehr weit ausholen kann und sehr grundsätzlich anfange – gewissermaßen mich Träumen überlassend, wie die Kirche eigentlich sein sollte. Es mag sein, daß sich alles auch oberflächlicher und vordergründiger behandeln ließe. Doch mir war es nicht gegeben. In einem bestimmten Ausmaß wird dabei auch vieles zusammengefaßt, was die früheren Kapitel dieses Buches breiter entwickelt haben.

Wie die Kirche sein sollte

Die Unfaßbarkeit und Schwierigkeit der Frage, wie bei einem Priester Dienst am Glauben und Einsatz für eine gerechtere und weniger zerstörte Welt zusammengehen können, hängt nach meinem Gefühl damit zusammen, wie wir die Kirche in unserer Welt erfahren. So, wie sie konkret auftritt, trägt sie keine direkte Verantwortung für die Gesellschaft und für die Natur. Denn sie ist nur ein wohldefiniertes Subsystem unserer Gesellschaft. Diesem Subsystem sind nur bestimmte Aufgaben zugeteilt, und zwar andere als die gerade beschriebenen.

Das entspricht allerdings nicht dem, was Gott eigentlich mit der Kirche, seinem „Volk" in der Welt, wollte. Nach Gottes Vorstellung müßte sie selbst „Gesellschaft" sein.

Zur Kirche gehört man nur durch den Glauben. Der Glaube ist freiwillig. Deshalb wird sich vor der Wiederkunft des Herrn die Zahl der Gläubigen niemals mit der Zahl aller vorhandenen Menschen decken. Insofern wird es immer eine mit dem Volk Gottes nicht identische, umfassendere menschliche Gesellschaft geben. Es erscheint daher nicht ganz sachgemäß, der Kirche in einem vollen Sinn zuzusprechen, sie müsse menschliche Gesellschaft sein.

Trotzdem entspricht die Aussage der Tradition. Sie steckt zum Beispiel in einer Lehre, die lange unter den katholischen Kirchenrechtlern und Sozialethikern vertreten wurde, der Lehre von der Kirche als einer „societas perfecta". Der Ausdruck läßt sich vielleicht am besten wiedergeben als „vollausgestattete Gesellschaft". Diese Aussage machten die gleichen Gelehrten sonst nur vom Staat, in dem sie das höchste und alle anderen in sich eingliedernde System menschlicher Vergesellschaftung sahen. Ihm stellt sie also die Kirche an gesellschaftlicher Qualität gleich.

Um den Sinn einer solchen traditionellen Aussage, die ja sicher für alle möglichen Konflikte innerhalb der Geschichte der vergangenen zweitausend Jahre verantwortlich ist, zu erfassen, sei sofort zur Bibel zurückgegangen.

Jesus hat seine Jünger an hervorragender Stelle seiner Bergpredigt als das „Licht der Welt" bezeichnet. Diese Aussage hat er dann folgendermaßen erläutert: „Eine Stadt, die auf einem Berg liegt, kann nicht verborgen bleiben" (Mt 5,14). Das wiederum ist die Wiederaufnahme einer Aussage der Propheten und Psalmen.

Nur die Bindung der Aussage an das konkrete Volk Israel ist dabei aufgegeben. Im Alten Testament ist die Rede vom Zionsberg, der alle anderen Berge der Welt überragt und zu dem alle Nationen der Welt gezogen kommen. Sie wollen dort Lehre und Weisung darüber empfangen, wie sie gerecht leben können.

Eine der klassischen Formulierungen findet sich im zweiten Kapitel des Jesajabuches:

Am Ende der Tage wird es eintreten.
Fest gegründet steht
der Berg mit dem Haus Jahwes.
Der höchste der Berge –
er überragt alle Hügel.
Zu ihm strömen alle Völker.

Die vielen Nationen machen sich auf den Weg.
Sie sagen: Kommt, wir ziehen hinauf zum Berg Jahwes,
zum Haus des Gottes Jakobs.
Er zeige uns seine Wege,
auf seinen Pfaden wollen wir gehen.
Denn: Vom Zion aus wird eine Gesellschaftsordnung proklamiert,
und zwar als Wort Jahwes aus Jerusalem (Jes 2, 1–3).

Der Beginn dieses Textes ist noch ganz Bild. Da ist ein Berg, der alle anderen Berge überragt. Wer schon in Jerusalem war, weiß, daß der Tempelberg die umgebenden Berge keineswegs überragt. Wenn er das nun in diesem Text tut, dann ist etwas geschehen. Was könnte geschehen sein?

Aus dem Fortgang des Textes ist die Deutung klar. Das Volk Israel hat sich in seiner gesellschaftlichen Gestalt so gewandelt, daß es als Gesellschaft alle anderen Berge, das heißt: alle anderen Völker, alle anderen Gesellschaften dieser Welt überragt. Indem es sie überragt, ist es ihre Kritik. Es wird für sie infolgedessen zum geheimen Ideal, zum Modell, zum Ziel ihrer Wallfahrt. Israel kann, auf das blickend, was in ihm von seinem Gott her Wirklichkeit geworden ist, auch den anderen Gesellschaften proklamieren, wie eine gerechte und glückliche Gesellschaft aussieht.

Was macht Israel zum höchsten aller Berge? Die Texte des Alten Testaments nennen in solchen Zusammenhängen verschiedene Eigenschaften, die diese Modellgesellschaft auszeichnen. Doch eine der wichtigsten ist sicher das, was hier am Anfang des Jesajabuches zur Sprache kommt. Die Modellgesellschaft Gottes in der Geschichte ist eine Gesellschaft jenseits der menschlichen Rivalität. Diese Gesellschaft erfreut sich ihres Lebens in Frieden.

Genau dies nämlich kann sie der in ewige Kriegslust verfangenen Völkerwelt vermitteln:

> *Sie schmieden ihre Schwerter in Pflugscharen um,*
> *ihre Lanzen in Winzermesser.*
> *Nie mehr wird ein Volk gegen ein Volk ein Schwert erheben.*
> *Man bildet niemanden mehr aus für den Krieg (Jes 2, 4).*

Die Friedensbewegung im Sinne Gottes läuft also über eine Modellgesellschaft. Gott schafft sich aus einem von ihm ausgesuchten Teil der Menschheit eine Gesellschaft ohne Rivalität. Was sich in ihr entwickelt, ist dann so faszinierend, daß alle Menschen ihre Blicke dorthin lenken und zu lernen beginnen.

Dieser doppelte Schritt Gottes in die Gesamtgesellschaft hinein scheint mir wesentlich zu sein. Genau ihn scheint die Christenheit nicht mehr richtig wahrzunehmen. Aber die Bibel ist von Anfang bis Ende geprägt von dieser Struktur. Zunächst stellt Gott in einem auserwählten Volk ein Modell her. Im Blick auf dieses Modell hat dann der Rest der Welt die Möglichkeit, sich selbst auch verwandeln zu lassen.

Jesus übernimmt diese Grundstruktur des Handelns Gottes an Welt und Geschichte. Die Kirche, ja jede einzelne Gemeinde, ist von ihm gedacht als die Stadt auf dem Berg, alle anderen Berge überragend, die Wallfahrt der Welt auslösend, als die Modellgesellschaft Gottes.

Wenn der Glaube Anschluß an den unter uns Menschen anwesenden Gott ist, dann ist er also zugleich Bewegung des Aufbaus einer anderen, gerechteren, rivalitätsfreien Gesellschaft. Die beiden Vorgänge – an Gott sich anschließen und in den gesellschaftlichen Zusammenhängen verwandelt werden – sind auch nicht voneinander verschieden und liegen nicht hintereinander, sondern es handelt sich um ein und denselben Vorgang. Wer wirklich dem Glauben dient, muß ebendarin auch der Gerechtigkeit dienen. Um sie allein geht es Gott in der menschlichen Geschichte. Sie ist seine Ehre.

Doch entscheidend bleibt: Es geht dabei nicht um den Dienst für die Gerechtigkeit irgendwo oder überall, sondern an dem von Gott gesetzten Ort in der Menschheit: in seiner Modellgesellschaft. Das ist der springende Punkt in der Aussage von der Völkerwallfahrt zum Berg Zion. Die menschliche Gesamtgesellschaft kann den Weg zur Gerechtigkeit nur finden, wenn ihr diese in Gottes Modellgesellschaft vorgeführt wird.

Die Kirche heute zwischen Anpassung und Alternative

Aber die moderne Gesellschaft hat der Kirche eine andere Funktion zugewiesen als die, eine Art Modell- oder Gegengesellschaft zu sein. Und da liegt heute die Schwierigkeit, die wir haben, wenn wir Glauben und Gerechtigkeit zusammenbringen wollen.

Die Kirche ist als Teilsystem in das gesellschaftliche Gesamtsystem eingebaut. Sie steht als mit allen anderen verschränktes Subsystem neben den Subsystemen Politik, Wirtschaft, Erziehung, Kleinfamilie, Freizeit, Kunst. In unserer spätbürgerlichen Gesellschaft hat das religiöse Subsystem dafür zu sorgen, daß am Rande des banalen Alltags auch etwas festlicher Glanz aufleuchtet und die Menschen an den kritischen und gefährlichen Punkten ihres Lebenslaufs gehalten und, wenn nötig, getröstet werden. Sonst hat es keine ihm eigenen Aufgaben.

Wir haben diese Funktionszuteilung weithin übernommen. So ist aus unserer Kirche inzwischen das geworden, was man neuerdings als Servicekirche bezeichnet. Sie bietet den Bürgern an bestimmten, von den anderen Subsystemen nicht zu bewältigenden Stellen Hilfe an, indem sie durch Lehre und Riten auf Transzendenz verweist – oder wie man das formulieren mag.

Weil sie das tut, wird sie auch gebraucht. Sie wird deshalb auch von der Gesellschaft ernährt, ja gehätschelt. Doch zugleich ist sie meilenweit davon entfernt, noch auf die Idee zu kommen, eigentlich müsse sie „societas perfecta", „vollausgestattete Gesellschaft" neben der allgemeinen Gesellschaft, ja in Gegensatz zu ihr sein. Wer denkt heute noch daran, der Glaube müsse alle Dimensionen des menschlichen Zusammenlebens erfassen und verändern, und zwar innerhalb der Kirche selbst?

Wir sind so an die jetzige Gestalt der Kirche gewöhnt, daß wir kaum auf den Gedanken kommen, eigentlich müsse alles anders sein. Dabei werden uns gerade in diesen Jahren ganz neue Zugänge zur biblischen Vorstellung des Verhältnisses der Kirche zur Gesamtgesellschaft von woandersher kostenlos geschenkt.

Denn seit einiger Zeit liegt der Gedanke der Auswanderung aus der bestehenden Gesellschaft doch geradezu in der Luft. Es gibt auf einmal den Mut dazu, neue gesellschaftliche Möglichkeiten einfach durch ein anderes Leben neben dem alten und eigentlich öffentlich vorgeschriebenen zu versuchen. Alles, was heute mit der Bezeichnung „alternativ" versehen wird, gehört in diesen Zusammenhang.

Mit „alternativ" ist doch fast immer gemeint, daß man nicht mehr glaubt, durch Revolution das Ganze der Gesellschaft verändern zu können, auch nicht mehr daran, daß man mit Hilfe eines Marsches durch die Institutionen schließlich an die geheimen Schaltstellen der Gesellschaft gelangt und von dort aus dann das Ganze neu ordnen kann. Auf beiden Wegen ist es zu oft mißlungen. So hat sich jetzt die Überzeugung ausgebreitet, daß es vielleicht noch das Klügste ist, in kleiner, aber gleichgesinnter Gruppe anzufangen, dort neue Gesellschaftsformen ohne viel Reden einfach zu leben und um den Rest der Welt sich nur noch am Rande zu kümmern. Wenn dann etwas wächst und da ist, wird das Neue seine Anziehungskraft schon entfalten und auf die alte Gesamtgesellschaft zurückwirken.

In der Grundstruktur ist das genau der Weg, den Gott mit seinem Volk Israel und seit Jesus von Nazaret mit seiner Kirche schon immer im Sinn hat. Wir Christen sind die älteste Alternativgesellschaft der Welt. Wir sind die einzige Alternative, die es in sich hat, wirklich etwas zu taugen – falls wir uns nur endlich entschließen könnten, uns über diesen Sachverhalt klarzuwerden. Wir hätten den Schlüssel zu Gerechtigkeit, Freude und Glück. Aber nur, wenn wir selbst die Tür aufschließen und als erste selbst hindurchgehen, werden andere uns folgen können.

Die Kirche beruft sich ja auf die Bibel, und auf etwas anderes kann sie sich gar nicht berufen. Sie proklamiert Texte wie den von der Völkerwallfahrt oder den von der Stadt auf dem Berg immer wieder in ihren Gottesdiensten. Daher müssen wir nicht verzagen. Ganz ist die wahre Kirche, die „societas perfecta", nie entschwunden. In jeder Eucharistiefeier rühren wir an ihre Wurzel. Jederzeit kann sie sich hier oder dort oder sogar an vielen Orten zugleich wieder in ihre gesellschaftliche Vollgestalt hineinentwickeln.

Es ist deshalb auch erlaubt, das bisher Dargelegte weiterzuträumen und die ansichtig gewordene wahre Gestalt der Kirche daraufhin zu befragen, was in ihr nun ein Priester wäre.

Am wichtigsten scheint mir: Es ist nicht die Sache des Priesters, kraft seines Amtes die vorhandene Gestalt der Kirche in eine vollere Gestalt neuer und gerechter Gesellschaft hinüberzuführen.

Wer Priester wird, um dann an dem Hebel zu sein, den man umlegen muß, damit aus der Kirche von heute eine Welt gelebter Gerechtigkeit wird, hat gerade nicht verstanden, wie die von Gott gemeinte Alternative zu den Gesellschaften der Welt aussehen soll. Derartige Hebel und Schaltstellen der Macht sind typisch für jene Gesellschaftsstrukturen, gegen die Gott seine neue Gesellschaft errichtet. Wo es sie in der jetzigen Kirche gibt, sind sie niemals Rechtens da.

Jesus hat das klar gesagt, als die Zebedäussöhne Jakobus und Johannes von ihm erreichen wollten, daß er ihnen in seinem „Reich" Herrschaftsfunktionen zusicherte. In der Sprache der damaligen Herrschaftssymbolik hatten sie ihn um die beiden Plätze zu seiner Rechten und zu seiner Linken gebeten.

Da sagte er:

Ihr wißt, daß die, die als Herrscher gelten, ihre Völker unterdrükken
und daß die Mächtigen Gewalt über sie ausüben.
So soll es bei euch nicht sein.
Wer bei euch groß sein will, sei euer Diener.
Wer bei euch der erste sein will, sei der Sklave aller
(Mk 10, 42–44).

Wir verstehen diese Sätze natürlich gern als moralische und individualethische Aussage: Es gibt im Reich Jesu Große und Erste – sie sollen nur nicht viel daraus machen und sich bescheiden benehmen. Vielleicht fällt uns das Wort Friedrichs des Großen ein: „Ich bin der erste Diener meines Staates."

Aber das Wort Jesu ist nicht so gemeint. Es meint die Aufhebung der vorausgesetzten Strukturen, gerade der Strukturen, die den Staat kennzeichnen. Das zeigt die Fortsetzung:

> *Denn auch der Menschensohn ist nicht gekommen,*
> *um sich dienen zu lassen,*
> *sondern um zu dienen*
> *und sein Leben hinzugeben als Lösegeld für viele (Mk 10, 45).*

In diesem Satz wird auf zwei Symbolgestalten des Alten Testaments angespielt: den „Menschensohn" und den „Gottesknecht". Der Menschensohn ist bei Daniel das Symbol der Gottesherrschaft, die am Ende der Zeit die in schrecklichen Tiergestalten versinnbildeten Staaten der Geschichte ablöst.

Der Gottesknecht ist bei Deuterojesaja ein Bild des im Exil leidenden, ja getöteten Gottesvolks. Es wird gerade durch die Auflösung seiner bisherigen Staatlichkeit zu einer anderen, allein von Gott her lebenden Gesellschaft, die das Staunen der Völker erweckt und sie dazu bringt, die Wallfahrt nach Jerusalem anzutreten.

Menschensohn und Gottesknecht zeigen als Symbole an, wie im Alten Testament selbst schon die sogenannte Messiaserwartung umgepolt worden war. Messias – das war ursprünglich der Titel Davids und seiner Nachfolger, also der Könige des vom Gottesvolk gebildeten Staates. Schon in der deuteronomischen Gesetzgebung wurden dann dem König Israels die realen Machtbefugnisse weitgehend genommen. Seine Hauptaufgabe sollte es nun sein, in seinem eigenen Leben die Sozialordnung Israels möglichst rein und vorbildlich darzustellen. Er sollte so etwas wie ein Musterisraelit sein.

Später, bei den nachexilischen Propheten, wandelte sich das Bild des für die Endzeit erwarteten Königs immer mehr ins Gegenteil eines normalen Königs, in dem die Macht einer staatlich organisierten Gesellschaft gipfelte. Bei Sacharja zieht er auf einem Esel reitend in Jerusalem ein. Wenn er kommt, dann vernichtet Gott die Streitwagen, die Kriegsrosse und den Bogen. So wurde die einst als Staat organisierte Gesellschaft Israels unter Beibehaltung des alten Herrschertitels „Messias" in der Zukunftserwartung der letzten Propheten in ihr Gegenteil verkehrt, in eine Gesellschaft, der die typischen Merkmale des Staats gerade fehlen.

Auf einen solchen paradoxen „Messias" wartete das wahre Israel, wenn auch nicht seine Revolutionäre und Zeloten. Diese Erwartung hat Jesus aufgenommen. Mit ihr ist die Idee von Spitzenpositionen nicht vereinbar.

Daher ist auch die wahre Kirche notwendig die Gegengesellschaft zu jeder Form staatlicher Gesellschaft. Sie ist nicht ein besserer Gegenstaat zu einem vorhandenen, leider ein wenig schlecht organisierten oder gar unmoralischen Staat. Vielmehr ist sie das Gegenteil von Staat.

Und deshalb wäre es auch ein Unding, in ihr Amtsträger zu haben, deren Aufgabe der Aufgabe eines staatlichen Amtsträgers entspräche und darin bestünde, Gesellschaftsstrukturen zu schaffen, durchzusetzen und zu erhalten. Die Gesellschaft Gottes kommt anders zustande und erhält sich anders, weil sie von Grund auf anders ist.

Sie kommt zustande auf der Basis der Freiwilligkeit. Sie besteht auf der Basis der vom Menschen her unmöglichen, von Gott her aber immer neu geschenkten Einmütigkeit aller ihrer Glieder. Man wird nur Jünger, wenn man sich Jesus zur Nachfolge anschließt. Nur wenn alle Jünger von Gottes einem Geist bewegt sind, bilden sie zusammen den einen Leib Christi – das paulinische Bild für die Kirche als Gesellschaft Gottes in der Welt. Die Durchsetzung gesellschaftlicher Ordnung mit Hilfe von Macht und Herrschaft, ja von Gewalt, die den Staat kennzeichnet, ist hier durch Besseres überwunden.

Aber jedes einzelne Glied muß diese Gesellschaft wollen und seinen ganzen Beitrag in sie hineingeben. Dadurch allein entsteht das Ineinander von Vielfalt und Einigkeit, das diese alternative Gesellschaft auszeichnet.

In einem messianischen Text des Alten Testaments ist das bildhaft dargestellt als der paradiesische Tierfrieden:

Da wohnt der Wolf beim Lamm,
der Panther liegt beim Böcklein,
Kalb und Löwe weiden zusammen,
ein kleiner Knabe kann sie hüten.
Kuh und Bärin freunden sich an,
ihre Jungen liegen beieinander,
der Löwe frißt Stroh wie das Rind.
Der Säugling spielt vor dem Schlupfloch der Natter,
das Kind steckt die Hand in die Höhle der Schlange (Jes 11, 6–8).

Der diesem Text entsprechende neutestamentliche Text findet sich bei Paulus. Er verwandelt das Tierbild in unmittelbare Beschreibung der christlichen Gemeindewirklichkeit, und am Ende mündet er in das Bild vom Leib Christi:

Es gibt verschiedene Gnadengaben,
aber nur den einen Geist.
Es gibt verschiedene Dienste,
aber nur den einen Herrn.
Es gibt verschiedene Kräfte, die wirken,
aber nur den einen Gott.
Er bewirkt alles in allem.
Jedem aber wird die Offenbarung des Geistes geschenkt,
damit sie anderen nützt.
Dem einen wird vom Geist die Gabe geschenkt, Weisheit mitzuteilen,
dem andern durch den gleichen Geist die Gabe, Erkenntnis zu vermitteln,
dem dritten im gleichen Geist Glaubenskraft,
einem anderen – immer in dem einen Geist – die Gabe, Krankheiten zu heilen,
einem anderen Wunderkräfte,
einem anderen prophetisches Reden,
einem anderen die Fähigkeit, die Geister zu unterscheiden,
wieder einem anderen verschiedene Arten von Zungenrede,
einem anderen schließlich die Gabe, sie zu deuten.
Das alles wirkt ein und derselbe Geist.
Einem jeden teilt er seine besondere Gabe zu, wie er will.
Denn wie der Leib eine Einheit ist, doch viele Glieder hat,
alle Glieder des Leibes aber, obwohl es viele sind, einen einzigen Leib bilden,
so ist es auch mit Christus.
Durch den einen Geist
wurden wir in der Taufe
alle in einen einzigen Leib aufgenommen,
Juden und Griechen,
Sklaven und Freie;
und alle wurden wir mit dem einen Geist getränkt
(1 Kor 12,4–13).

In dieser paulinischen Liste der Gaben des Geistes kommt der Priester nicht vor. Das läßt sich aber erklären. Jene spezifische Aufgabe, wie sie heute der Priester hat, gab es offenbar in der Gemeinde von Korinth noch nicht. Was ihr der Sache nach entsprach, war gerade das, was Paulus, der Schreiber des Briefes, durchtrug. Hätte er sein eigenes Tun in die Aufzählung der Charismen eingereiht, dann wohl als eines unter den vielen.

Denn die neue Gesellschaft Gottes wird von allen zusammen geschaffen. Genauer: durch den einen Geist, der über alle und jeden einzelnen ausgegossen ist. Da kann es keine besondere herrscherliche Position geben. Genau das macht das Besondere dieser Gesellschaft aus.

Daraus folgt, daß man sich kein Priesterbild zurechtlegen darf, bei dem das Eigene des Priesters eine ihn aus den anderen heraushebende Funktion für die Erstellung der göttlichen Modellgesellschaft wäre. Sobald das Gottesvolk mehr ist als Organisation für die Befriedigung religiöser Bedürfnisse, ist es mit der Alleinzuständigkeit des Priesters für die Gründung und Erhaltung von Gemeinden zu Ende. Dann wird der Priester Volksgenosse unter Volksgenossen. Man kann das in ein Fremdwort umsetzen: Laie unter Laien. Denn „Laie" kommt von griechisch Laos, das heißt „Volk". Inwiefern es dann dennoch „Priester" braucht, wird später zu erörtern sein.

In einer lebendigen Kirche wird auch jeder Priester seine eigene Geistesgabe haben, über sein Priestertum hinaus – der eine diese, der andere jene. Aber die heben ihn nicht aus den anderen Laien heraus. Denn jeder hat seine je eigene Geistesgabe, wenn es der christlichen Gemeinde nur gelingt, sie zu entdecken und zur Geltung zu bringen. Ein Priester mag die ihm gegebene Gabe zum Aufbau des Leibes Christi mit besonderer Treue pflegen und einsetzen – um so besser. Aber auch das ist etwas, was jedes andere Glied am Leibe Christi auch tun müßte.

Was folgt daraus für die konkrete Kirche, wie sie heutzutage in unseren Landen existiert? In ihr wird jene von Paulus beschriebene Vielfalt der Charismen in allen Gliedern des Leibes so selten sichtbar. Offenbar sind in der Gestalt des Priesters in unserer Kirche viele Aufgaben zusammengefaßt worden, die eigentlich in einem wirklich zur Gesellschaft werdenden Volk Gottes über viele und verschiedenste Personen verteilt sein könnten, ja müßten.

Offenbar entsprang, daß es dazu gekommen ist, der Not. Weil so wenige Gläubige sich vom Geist Gottes in die gesellschaftliche Dimension der Kirche hineinführen ließen, deshalb mußten die Priester viele sonst nicht wahrgenommene Aufgaben mitübernehmen und in ihrer Person bündeln. Die, welche sich zum Priestertum berufen fühlten, waren ja die am meisten vom Geist getriebenen, die „Geistlichen". Es ist dahin gekommen, daß man fast schon Priester werden muß, um überhaupt als „geistlicher" Mensch leben zu können.

In unserer Kirche müssen also unsere Priester, um zum Bild des Jesaja zurückzukehren, ein Stück vom Wolf und ein Stück vom Lamm an sich haben, sie sind Kuh und Bärin zugleich (ja, das Feminin muß bleiben, weil es in der Kirche von heute Frauen, die man als „Geistliche" bezeichnen dürfte, gar nicht geben kann), dazu sind sie vielleicht auch noch eine friedlich gewordene Schlange. Wenn solchen armen und überforderten Wesen klar wird, was eigentlich die neue Gesellschaft Gottes sein müßte, dann können sie sich nur darüber freuen, wenn um sie herum in ihrer Gemeinde plötzlich möglichst viele exotische Tiere aus ihren Löchern hervorkriechen. Sie werden gern auf einige Bestandteile ihres eigenen buntgescheckten Fells verzichten. Es stammt aus einer Notzeit der Kirche und ist Zeugnis von deren Armut an heiligem Geist.

Vielleicht kann angesichts dieser Überlegungen sogar ein wenig Zweifel an der heute gängigen, nach meiner Meinung modischen Bestimmung des Priestertums als Amt der „Gemeindeleitung“ aufkommen. Man kann das zwar in einem brauchbaren Sinn verstehen. Aber es ist weder eine Definition, die eine große Tradition hinter sich hätte, noch lassen sich in ihr die faktischen Verhältnisse in der Kirche unterbringen. Viele Priester leiten keine Gemeinden. Inzwischen gibt es infolge des sogenannten Priestermangels viele Nichtpriester, die faktisch Gemeinden leiten, und es hat das, genau besehen, immer schon gegeben – man denke nur an die Vorsteherinnen von Klöstern. Und ich glaube, selbst wenn man alles abzieht, was den Priestern nur deshalb aufgeladen wurde, weil in den Gemeinden die Charismen gestorben waren, bleibt nicht spezifisch gerade die Gemeindeleitung übrig. Das Wort „Gemeindeleiter“ ist auch höchst anfällig für ideologischen Mißbrauch. Von ihm aus ist es nicht weit zur Bitte der Zebedäussöhne.

Aber wenn deutlich geworden ist, was der Priester in der Kirche, wie Gott sie möchte, nicht sein kann – was soll er dann sein?

Die Repräsentanz des Wunders

Es gibt eine Eigenschaft der neuen und alternativen Modellgesellschaft Gottes in der Welt, die das fordert, was man recht unzulänglich das kirchliche „Amt“ nennt, und damit den „Priester“. Es ist ihr Wunder- und Gnadencharakter. Das muß allerdings erklärt werden.

Aus dem Alten und Neuen Testament geht eindeutig

hervor, daß diese Gesellschaft der Liebe, Gewaltlosigkeit, Barmherzigkeit und Zuvorkommenheit, obwohl sie sich da, wo sie verwirklicht wird, als die einzig humane Gesellschaft zeigt, vom Menschen aus als unmöglich bezeichnet werden muß. Der Mensch kann das, was mit Gottesherrschaft gemeint ist, aus seinen eigenen Kräften nicht schaffen. Es gibt sie nur als freies Geschenk Gottes, als Wunder. Sie ist in ihrem Anfang und in ihrem Fortgang reine Gnade.

Das muß an ihr selbst aber auch sichtbar werden. Die Gesellschaft der Welt muß es dieser Stadt auf dem Berg ansehen können, daß sie nicht selbstgemacht und selbstgetragen ist, sondern geschenkt wurde und nur als Geschenk bleibt.

Genau dies bringt das kirchliche Amt zum Ausdruck. Das dem Priester wesentlich zukommende Tun ist genau dafür das Zeichen.

Daß die neue Gesellschaft Gottes von woanders her lebt, gilt zunächst in der Dimension der Zeit. Die Kirche steht auf der Vergangenheit. Es hat in der Geschichte einen Punkt gegeben, der nicht mit allen anderen Zeitpunkten der Geschichte gleichwertig war. Damals war Gott anwesend und hat den reinen Anfang dieser Gesellschaft gesetzt. Der Punkt trägt den Namen Jesus von Nazaret, und dieser Name war schon vorbereitet durch ein Jahrtausend Geschichte Israels. Von dort her lebt jetzt die Kirche. Daß sie als Wunder aus Gnade existiert, zeigt sich in ihrem Angewiesensein auf die Vergangenheit.

Ihre Vergangenheit wird der Kirche aber vermittelt durch das in ihr gestiftete Amt. Es gibt ihr die Schriften und die Tradition. Es hat darauf zu achten, daß es ja nichts davon verliert. Was das Amt nicht von Israel und von Jesus weitersagt, das fehlt der Kirche an Gnade.

Auch in der Dimension des Raumes lebt die Kirche von woanders her. Konkret ist sie ja in der einzelnen Gemeinde da. Doch jede einzelne Gemeinde ist immer schon Begrenzung, Verkümmerung. Sie ist noch nicht entfalteter Anfang und schon wieder Bruchstück aus geschehenem Zerfall. Sie kann als Inbegriff der wahren Kirche nur leben, wenn sie auf die Vielheit der Gemeinden blickt, die nebeneinander in der Welt existieren. Sie muß in Kommunion mit der gesamten Kirche stehen und sich von überall her immer wieder neu in ihre volle Wahrheit rufen lassen.

Die Herstellung der Kommunion in der Gesamtkirche ist aber Aufgabe des Priesters. Er hat in seiner Gemeinde den Reichtum der anderen Kirchen zur Geltung zu bringen. An deren vollerem Maß hat er die eigene Gemeinde zu messen. Umgekehrt darf das, was der Geist in seiner Gemeinde gewirkt hat, der gesamten Kirche nicht vorenthalten werden. Auch dafür muß der Priester sorgen.

In unseren heute üblichen Territorialgemeinden, die zudem fest und gezielt von Ämtern administriert werden, dürften diese Aspekte keine allzugroße Bedeutung haben. Was haben solche Gemeinden einander schon viel mitzuteilen? Wo wird die eine zur Krisis der andern? Aber es zeigt sich immer wieder: Sobald sich in einer Gemeinde ein Reichtum an Charismen entfaltet, kann es sehr schnell zur Hauptaufgabe des Priesters werden, den ihn umgebenden neuen Reichtum am Maß der Großkirche zu messen und auf sie zu beziehen, andererseits dem Bischof und den anderen Gemeinden etwas aus dem eigenen Reichtum zu vermitteln.

Daß Gottes neue Gesellschaft von woanders her lebt, muß schließlich vor allem im Zentrum ihres Lebensvollzugs zum Ausdruck kommen: in den Sakramenten, vor allem in der Eucharistie. In der Gestalt des Sakramentenspenders und des Eucharistievorstandes muß symbolisch dargestellt sein, daß diese heilige Versammlung sich nicht selbst konstituiert, sondern eine von Gott zusammengerufene und zusammengehaltene Versammlung ist. Deshalb gibt es hier auch ein echtes Gegenüber von Priester und Gemeinde. Es darf nicht das geringste mit Herrschaft und Machtausübung zu tun haben. Es muß der reine Ausdruck dafür sein, daß diese sich selbst feiernde Gesellschaft in Wirklichkeit überhaupt nicht sich selbst feiert, sondern allein Gottes gnädige Zuwendung.

Ist es zu wenig, fast nur so etwas wie Symbol zu sein? Ist das die Mühe eines ganzen Lebensweges wert, ein langes Studium und vor allem der Verzicht auf den menschlichen Partner in der Ehe, der sich in unserer Kirche damit verbindet?

Wen der Ruf trifft, der vergißt vermutlich, solche Fragen überhaupt zu stellen.

Die einzige Situation, in der einen der Ruf überhaupt ernsthaft treffen kann, ist die des Petrus, der Jesus dreimal verleugnet hatte. Er wird gefragt: „Liebst du mich?" Er stammelt seine Antwort. Und er wird ins Amt des „Hirten" gerufen: „Weide meine Schafe" (Joh 21,15–17). Daß man also in der Gemeinde Gottes diese Aufgabe bekommt, ist selbst schon Gnade. Die eigene Existenz, sündig und dennoch als Zeichen aufgerichtet, wird letztes Signal dafür, daß die Stadt auf dem Berg nicht von Menschen erbaut, sondern Gottes Wunder ist.

Wenn dies den Priester ausmacht, dann gilt, daß sein Zeugnis nicht direkt auf Gerechtigkeit und Frieden in der Welt ausgerichtet ist. Gott schickt zwar schon einmal einen Josef nach Ägypten, um die Menschheit vor dem Hungertod zu retten, oder einen Daniel an den Hof Nebukadnezzars, damit ein Weltreich weiser verwaltet würde. Aber im übrigen sagt er seinem Volk, es könne für die Gerechtigkeit in der Welt noch am meisten tun, wenn es selbst zur gerechten Stadt würde, zu der die Völker wallfahren können. Und in dieser Stadt sind alle gleich verantwortlich für das Werk Gottes. Man muß nicht Priester werden, um Werkzeug des Geistes zu sein.

Trotzdem ist das spezifische Zeugnis des Priesters auch wieder ganz und gar unentbehrlich für den Dienst an Gerechtigkeit und Frieden. Denn wenn der Kirche das Zeugnis ihres Wunder- und Geschenkcharakters ausgeht, dann kippt sie um und wird wieder zu einer von Menschen gemachten Gesellschaft.

Und dann ist alles verloren. Sie kann dann auch keine gerechte Gesellschaft mehr bleiben. Sie muß wieder werden wie die anderen Völker. Sie muß sich anpassen und muß sich einfügen lassen. Sie wird wieder zu einem Teilstück des Systems der Herrschaft und der Gewalt. In einer Kirche, die dieser Gefahr weithin erlegen ist, hat der Priester einen besonders schweren Stand. Seine Versuchung wird es sein, die Sache der gerechten Gesellschaft nun doch allein in die Hand zu nehmen – indem er als Apostel der christlichen Soziallehre die Großen der Welt belehrt oder als anonym gewordener Zeuge sich in den Fabriken verzehrt.Oder er wird mit den Mitteln der Macht, der Verwaltung und der Bürokratie versuchen, die Kirche zu erneuern und leuchtender zu machen. All dies hilft nichts, es kann vielleicht sogar das Unheil vermehren.

Priester sein heißt, Zeuge des Wunders sein. Nur die nicht verzagende Fortsetzung der Verkündigung der Nachricht aus der stiftenden Vergangenheit, nur die Aufrechterhaltung der Kommunion mit der Kirche als ganzer, nur das Durchhalten der wahren Zeichengestalt des Sakraments kann am Ende zählen. Nur hier wird der Same weitergegeben, der jederzeit wieder von neuem aufgehen und herrlich erblühen kann. Wo er erblüht, wird die Gerechtigkeit erblühen, und der Welt wird mehr geholfen sein, als wenn ein Priester ausgezogen wäre, die Pharaonen zu belehren oder an einer mystifizierten Basis anonym zu werden. Daher wird man jemandem, der sich berufen glaubt, der Kirche als Priester zu dienen, in dem aber zugleich die Sehnsucht brennt, etwas für die Gerechtigkeit in der Welt zu leisten, nur sagen können, er solle das zweite vergessen und nur noch an sein Zeugnis von der Gnade denken, dann tue er wahrscheinlich noch am meisten für die Gerechtigkeit.

Daß dies nicht im Sinne der Lobredner des Bestehenden, auch nicht der bestehenden Kirche gesagt ist, erst recht nicht zugunsten von irgendwelchen Beschwichtigern, die unsere Welt schon gerecht genug finden und unsere Natur noch immer nicht genug zerstört und gefährdet, sollte nach allem vorher Ausgeführten klar sein.

Es setzt voraus, daß Gottes Wille, in unserer Welt solle Gerechtigkeit sein und unsere Welt solle nicht zerstört, sondern vollendet werden, unendlich größer ist als wir uns vorstellen können, und daß er diesen Willen gerade durch seine Kirche verwirklichen will. Diese Kirche aber kann es nur geben als durch Zeugnis weitergegebenes Wunder.

Die Enkel der Wanderapostel

Papst Gregor der Große hat einmal in einer Bischofsversammlung in Rom gesagt: „Siehe, die Welt wimmelt von Priestern, aber nur selten sieht man einen Arbeiter in Gottes Ernte" (PL 76, 1139). Gregor hat das als Kritik an den in den Sorgen der Administration aufgehenden Bischöfen seiner Zeit verstanden. Er hat sich selbst eingeschlossen. Vor lauter Verwaltungsarbeit fänden die Bischöfe keine Zeit mehr, das Evangelium zu verkünden.

Das Eigentümliche an dieser päpstlichen Predigt vor Bischöfen ist, daß sie die Auslegung einer Herrenrede aus dem Evangelium darstellt, die keineswegs an Leiter großer Ortsgemeinden, die außerdem in der Not ihrer Zeit noch weitgehend die weltliche Administration ihrer Ortschaften mitübernommen haben, gerichtet ist, sondern an 72 Jünger, die ohne Geldbeutel, Vorratstasche und Schuhe als Missionare wie Schafe unter die Wölfe der Welt auf Wanderschaft geschickt werden (Lk 10, 1–9). Liest man die Predigt einmal unter dieser Rücksicht, dann wird einem auch deutlich, wie schwer der große Papst sich mehrfach tut, den Zusammenhang zwischen den Jesusworten an seine Wanderprediger und den Berufspflichten der Bischöfe von Latium herzustellen. Und doch legt er offenbar Wert darauf, sich und seine Bischofskollegen an den Wandercharismatikern der Jesusbewegung zu messen.

Die folgenden Überlegungen stehen unter dem Stichwort „Wir Jesuiten und der Papst". Mir ist dabei allein die Aufgabe gestellt worden, über die ekklesiologischen Voraussetzungen dieses Themas zu sprechen, und zwar nach Möglichkeit von den biblischen Texten her. Mir scheint, wir geraten damit unmittelbar in jenes Spannungsfeld hinein, das ich am Beispiel einer Predigt Papst Gregors des Großen kenntlich gemacht habe.

Die Wiederkehr des Wandercharismas

So ortsansässig die „Gesellschaft Jesu" heute weithin geworden ist, sie muß sich trotzdem jenen Bewegungen der Kirchengeschichte zuordnen, die man als die Wiederkehr des jesuanischen Wandercharismas bezeichnen muß.

Denn die Anfänge der Kirche in Palästina und darüber hinaus waren bestimmt von einer lebendigen und dialektischen Beziehung zwischen umherziehenden Wandercharismatikern und den entstehenden und sich vermehrenden Ortsgemeinden. Die Bezeichnungen der Wanderer sind unwichtig. Von der in 1 Kor 12,28 genannten, wohl schon vorpaulinischen Trias „erstens Apostel, zweitens Propheten, drittens Lehrer" scheinen nach den ältesten Zeugnissen nur die Apostel – die historisch nicht mit Lukas auf die „Zwölf" beschränkt werden dürfen – eigentliche Wandermissionare gewesen zu sein, während die Propheten und Lehrer in Ortsgemeinden lebten und die entstehende örtliche Gemeindeleitung, die sich später in die Trias „Bischof, Presbyter und Diakon" kristallisierte, sich gerade aus ihnen rekrutierte. Doch ein halbes bis ganzes Jahrhundert später bezeugt die Zwölfapostellehre uns eine Christenheit, in der auch die Propheten und Lehrer auf Wanderung sind. Sie verwirklichen ebenfalls in ihrem

Leben *tous tropous Kyriou* „die Lebensweise des Herrn" (Didache 11,8). Denn auch Jesus war ja während seines irdischen Lebens von Ort zu Ort gezogen. Das eigentliche Proprium der Wandercharismatiker war die Wortverkündigung.

Doch nahm die Zahl der Wandernden nicht ständig zu. Irgendwann hörten die Gemeinden auf, Missionare = Wanderapostel auszusenden. Auch das prophetische Charisma starb aus. Die Lehrer wurden zum Klerus. Und so entstand das Problem, ob das Wort noch angemessen verkündet werden konnte. Angemessen meinte: nicht nur durch Rede, sondern auch durch das Leben.

Ich sehe in bestimmten kirchengeschichtlichen Erscheinungen geistgewirkte Versuche, die ursprüngliche beweglich-stabile Doppelstruktur der Kirche wiederzugewinnen. Fraglich scheint es mir, ob das Mönchtum als solches hier eingeordnet werden darf. Wohl aber gehört zweifellos die irische Mönchsperegrinatio, der auch unsere Länder die Bekehrung zum Glauben zu verdanken haben, in diesen Zusammenhang. Dann zweifellos die Bewegung der *vita apostolica* im zwölften Jahrhundert, deren bedeutendste und strahlendste Frucht die franziskanische Bewegung ist, und schließlich zu Beginn der Neuzeit der ignatianische Impuls, dem wir Jesuiten unseren Ruf verdanken und mit dem überhaupt die neuzeitliche Ordensbewegung und die von ihr getragene Weltmission zusammenhängen.

Nun gibt es wenige Gruppen in der Kirche, die bei aller betonten Bindung an Papst und Kirche doch zugleich von einer solchen Angst vor Ämtern besessen sind wie wir. Wir legen ein Gelübde ab, niemals zur Hierarchie gehören zu wollen und uns mit Händen und Füßen zu wehren, wenn man uns in sie hineinholen will. Wir leiden darunter, wenn unser jetziger Papst noch mehr als seine Vorgänger die Besten von uns herauspickt und durch seinen Befehl zu Bischöfen macht. Unser Orden hat das Gelübde, kirchliche Ämter zu verabscheuen, zwar nicht erfunden, aber die anderen Gruppen, in denen es das gab, sind unbedeutend geblieben.

Meines Erachtens ist eine derartige Einstellung zu dem, was doch eigentlich nicht eine Würde oder ein Amt, sondern reiner Dienst am Volk Gottes sein sollte, letztlich überhaupt nur aus einem eindeutigen und andersgerichteten Charisma zu rechtfertigen. Und es ist sogar nur zu rechtfertigen, wenn von der Grundstruktur der Kirche her die nicht an eine Ortsgemeinde gebundenen Evangelisten gegenüber den Christen in den Gemeinden und den sie weidenden Hirten eine ursprünglich selbständige Größe sind. Ich meine, daß das der Fall ist. Wir müssen bedenken, was das bedeutet und was es heute insbesondere bedeuten könnte. Das ist im folgenden das erste Thema.

Es führt in ein Paradox. Denn als Erben von der Ortshierarchie gegenüberstehenden Wanderaposteln lassen wir uns nun doch von der Spitze der stabilen Kirchenhierarchie, dem Papst, in unsere Arbeit einweisen. Ja, wir binden uns für unsere apostolische Tätigkeit an den Papst durch ein eigenes Gelübde. Was ist der Sinn dieses besonderen Gehorsamsverhältnisses von Menschen, die vom Ansatz her gerade schweifende Wanderer sein sollen? Das ist unser zweites Thema. Es geht dabei nicht um die faktisch bei Ignatius und seinen ersten Gefährten ins Bewußtsein getretenen Gründe und um damalige Zwänge, die vielleicht auch rein zufällig die Entwicklung mitbestimmten, sondern um die Frage, ob es eine Notwendigkeit gibt, die in der Sache selbst liegt.

Auf der Basis dieser beiden Überlegungen muß es schließlich auch gewagt werden, die Möglichkeit von Konflikten zwischen Wanderapostel und Ortshierarchie ins Auge zu fassen. Wie müßten wir mit unserem besonderen Verhältnis zu Papst und Kirche umgehen, wie es sehen und wie uns darin verhalten, wenn es zu Konflikten kommt?

Der Eigencharakter des Wanderapostolats

Wir kommen hier nicht daran vorbei, uns kurz Gedanken über die Entstehung der Kirche zu machen.

Wenn es erlaubt ist, etwas zu vereinfachen, so dachten die Generationen unserer Väter in einem äußerlich an die Petruseinsetzungsgeschichte von Mt 16 angelehnten Modell. Nach ihrer Vorstellung hatte Jesus während seines Lebens die später aus Ortsgemeinden zusammengesetzte und von einer Hierarchie verwaltete Kirche gewissermaßen vorgeplant und die unentbehrlichen ersten Stiftungsakte juristischer Art vollzogen, vor allem die Einsetzung des Petrus. Die Berufung, Belehrung und erste Aussendung von Jüngern, wovon wir in den Evangelien lesen, war dann eine Art Einführung der späteren Amtsträger in ihre Aufgabe.

Bei diesem Denkmodell gab es keinen Ansatz für die Existenz der späteren Wanderapostel. Vielleicht waren sie in einem kurzen Zwischenstadium sinnvoll, bis die Gemeinden an den bedeutenderen Orten gegründet waren. Aber einen Grund für eine definitive Dualität von Wanderern und kirchlicher Hierarchie gab es nicht. Diese Vorstellung vom Ursprung der Kirche wird heute als historisch nicht haltbar betrachtet.

Inzwischen hat sich, halb bewußt, halb unbewußt, ein anderes Vorstellungsmodell breitgemacht. Nach ihm ist die Kirche das Ergebnis von Ostern. Was der historische Jesus tat und wollte, ist deshalb irrelevant. Wir wissen es vielleicht auch gar nicht so genau. Die Kirche ist dann die Gemeinschaft derer, die von Gott die Gnade erhielten, den hingerichteten Jesus als den zur Rechten Gottes erhöhten Herrn zu glauben. Dies ist theologisch zweifellos richtig und läßt sich breit aus dem Neuen Testament belegen. Doch die Frage ist, ob es auch als historische Aussage zutrifft. Wenn es eine historische Aussage ist, dann gab es vor Ostern nichts, was man als „Kirche", wenn auch in einem vorösterlichen Sinn, bezeichnen könnte. Vielleicht mag die Mahlgemeinschaft Jesu mit den Jüngern und mit den Zöllnern und Dirnen eine Art Vorgestalt der späteren Kirche gewesen sein. Doch im ganzen ist die Rede von der Kirche vor Tod und Auferstehung sinnlos. Nach Ostern aber war die Kirche sofort voll da.

Zum Aufkommen dieser Vorstellung vom Anfang der Kirche trugen verschiedene Entwicklungen bei, etwa die formgeschichtliche Betrachtungsweise, die mit der historischen Rückfrage aus methodischen Gründen bei den frühen Gemeinden Halt machte, die sogenannte Kerygma-Theologie und die Neigung vieler Dogmatiker, die Christologie (und erst recht dann die Ekklesiologie) von der Auferstehung Jesu her zu entwickeln.

Auch in diesem Denkmodell kommen Wandercharismatiker allenfalls als kulturgeschichtlich erklärbare Randfiguren vor. Auch hier ist der Jüngerkreis Jesu, insoweit er überhaupt etwas mit Kirche zu tun hat, sofort für die Ortskirche beschlagnahmt. Er ist deren zu Jesu Lebzeiten einzig mögliche Vorwegnahme. Daß Jesus und seine Jünger keinen festen Wohnort hatten, bleibt irrelevant. Dies und anderes führt offenbar dazu, daß in unseren Jahren zumindest bei manchen Neutestamentlern die Überzeugung wächst, wir müßten auch dieses Modell aufgeben und nochmals von neuem über den Anfang von Kirche nachdenken.

Tun sie dies, dann stellt sich immer mehr die Notwendigkeit heraus, das Stichwort „Israel" einzuführen. Die nach Ostern sich langsam formende Kirche der an Christus Glaubenden ist zwar etwas Neues, ja Neuartiges, Eschatologisches. Aber zugleich ist sie dann, wenn Jesus auftritt, auch wieder längst vorhanden und vorgegeben. Sie ist eine Weiterführung und Weiterentwicklung der Größe „Israel". Jesus mußte gar keine neue Gemeinschaft von Glaubenden planen und stiften, weil Israel längst da war. Es ging darum, das vorhandene und doch zerstreute Israel wieder zu sammeln. Das mit sich selbst nicht mehr identische alte Israel mußte in seine für die Endzeit verheißene, wahre Wirklichkeit hineingerufen werden.

Daß dies faktisch auf die Dauer nicht ohne eine Scheidung in Israel vor sich ging und infolgedessen später auch zu einer Ausweitung des Gottesvolkes in die Welt der Völker hinein führte, ist ein Sachverhalt, dem hohe Bedeutung zukommt, der aber hier von unserer Hauptüberlegung wegführen würde. Diese besagt einfach, daß Jesus, als er das Kommen der Gottesherrschaft ausrief, seinen gesellschaftlichen Ansprechpartner längst hatte: das faktische Volk Israel. Zu dessen verlorenen Schafen wußte er sich gesandt – wobei vorausgesetzt ist, daß ganz Israel überhaupt nur aus verlorenen Schafen bestand.

Er trat Israel gegenüber, wie vorher die Propheten Israel gegenübergetreten waren, wenn seine Kunde auch die der Propheten definitiv überragte. Wie viele von ihnen war er heimatlos, familienlos, besitzlos und zog wandernd umher, nur für seine Botschaft lebend. Und so auch die Menschen, die er aus ihren normalen Lebensbezügen herausriß, indem er sie, wie weiland Elija den Elischa, aufforderte, ihm nachzufolgen und mit ihm zu ziehen. Das war nicht ein Lebensstil, in den er alle Menschen hineinrufen wollte – so wie etwa ein kynischer Wanderphilosoph, falls er das, was er sagte, ernst meinte. Vielmehr war es der von der Sache geforderte Lebensstil derer, die Israel vom Schlaf aufwecken und ihm die Gottesherrschaft vor Augen stellen sollten.

Israel gab es. Es wohnte in seinen Dörfern und Städten. Sie mußten deshalb umherziehen und überall, wohin sie kamen, Heilung, Versöhnung, Hoffnung und neues Leben bringen. Näheres darüber kann man vor allem in den Jüngeraussendungsreden der synoptischen Evangelien lesen. Diese setzen das schon existierende Israel voraus.

Sie spiegeln die Vorgänge zu Lebzeiten Jesu ebenso wie die nach seinem Tod. Nach Jesu Hinrichtung setzten seine Jünger ihre Wanderexistenz zugunsten von Israel fort, nunmehr im Namen des erhöhten Kyrios Jesus. Die Loslösung der späteren Kirche von der jüdischen gesellschaftlichen Realität ging nur ganz allmählich vor sich. Die Urgemeinde der Apostelgeschichte, die dort sofort als geschlossene Wirklichkeit auftritt, ist mindestens teilweise ein literarisch konstruiertes Urbild für die späteren Gemeinden, die Lukas in seiner eigenen Zeit vor Augen hatte, und selbst in der Apostelgeschichte wird zwischen den Zeilen noch vielfach deutlich, daß die ersten Christen Israeliten unter Israeliten waren, sich nur durch ihren Glauben an Jesus von ihnen abhebend. Die wandernden Jesusjünger betrieben also das weiter, was sie schon mit Jesus zusammen getan hatten, die Sammlung und Erneuerung Israels.

Selbst als dann in Palästina und darüber hinaus eigene christliche Gemeinden gebildet werden mußten, verstanden diese sich nicht als etwas anderes, sondern als das wahre Israel, und auch sie lebten aus der Wortverkündigung der Wandercharismatiker, die weiterhin umherzogen und in den Gemeinden einkehrten. Die „Zwölf", die durch ihre Zahl symbolisch auf Israel als die ihnen zugeordnete Größe hinwiesen, waren offenbar bald unter den Wanderern. Erst der Herrenbruder Jakobus dürfte der erste uns sichtbar werdende Repräsentant einer in einer ortsansässigen Gemeinde nun sich herausbildenden Autorität anderer Art sein.

Viele Neutestamentler nehmen heute an, daß gerade die sogenannte Logienquelle (also die wichtigste Sonderquelle von Mt und Lk gegenüber Mk) von frühchristlichen Wandercharismatikern tradiert worden ist. Doch dürfte für den Markusstoff und das andere synoptische Traditionsmaterial ähnliches gelten. Auch könnte mindestens zum Teil die Vermutung von Harnack zutreffen, daß die nicht an eine bestimmte Gemeinde gerichteten „katholischen Briefe" aus der Feder von Wandercharismatikern stammen.

Die Kirche, das sich in seine christliche Gestalt verwandelnde Gottesvolk Israel, lebte aus jener Urdualität, die schon zu Lebzeiten Jesu in Anlehnung an das alte Gegenüber Israels zu seinen Propheten grundgelegt worden war und die darin bestand, daß der in Ortsgemeinden lebenden messianischen Gesellschaft Gottes ihre umherziehenden charismatischen Künder gegenübertraten.

Wir kommen als Jesuiten kaum daran vorbei, diese Dualität als die Voraussetzung unseres Selbstverständnisses zu betrachten. Die „Exerzitien" und die Frühgeschichte unseres Ordens zwingen uns geradezu zu dieser

Sicht. Die wandercharismatische Existenz wurde von Ignatius von Loyola zunächst so wörtlich verstanden, daß er sich seine und seiner Gefährten Nachfolge Jesu nicht anders als in der Gestalt des predigenden Umherziehens im Heiligen Land vorstellen konnte.

Wenn dies aber so ist, dann erscheint mir vor allem eines wichtig: Das Gegenüber der Wandercharismatiker ist ein „Volk". Was damit gemeint ist, wird vielleicht deutlicher, wenn wir dafür unser Wort „Gesellschaft" einsetzen. Israel sollte als das Volk Jahwes eine andere, sich von den gesellschaftlichen Verwirklichungen der Weltvölker abhebende, neue Gesellschaft sein, die vom einen und wahren Gott in seiner Welt endlich in Gang gesetzte richtige und heile Gesellschaft.

Von diesem Anspruch gingen auch die frühen christlichen Gemeinden nicht ab. Sie sahen sich im Gegensatz zur „Welt", das heißt zur allgemeinen Gesellschaft mit ihren unheilträchtigen Strukturen. Durch die Taufe, den Eintritt in die Kirche, wurde man dieser Welt der Sünde entnommen und in den Leib Christi, den Tempel Gottes, die Gemeinde der Heiligen eingefügt. Die Gemeinde war mehr als eine Instanz, die Lebenssinn zusprach und diejenigen, die nach solchem verlangten, an kritischen Punkten ihres Daseins durch besänftigende Riten über die Angst vor dem Nichts hinweghob. Sie war nicht ein religiöses Subsystem innerhalb eines umfassenderen gesellschaftlichen Gesamtsystems. Sie war selbst ein Gesamtsystem, das als Kontrastgesellschaft gegen die allgemeine Gesellschaft stand – bei allen Kontaktstellen im konkreten Einzelleben.

Die Christen betrachteten sich noch jahrhundertelang als das *tertium genus,* das „dritte Volk", die „dritte Gesellschaft". Durch diese Bezeichnung stellten sie dem ersten genus, den Griechen, die alle Gesellschaften der Völkerwelt symbolisierten, und dem zweiten genus, den Juden, also der am Sinai gestifteten Gesellschaftsordnung, sich selbst als die aus der Weisung der Bergpredigt lebende, messianische und eschatologische Gesellschaft gegenüber. Ihre Glieder hatten nicht ein irdisches, sondern ein himmlisches Bürgerrecht. Die für sich selbst gewissermaßen gesellschaftsenthoben lebenden christlichen Wanderapostel und -propheten führten ihre schwebende Existenz gerade deshalb, um in der Lage zu sein, ganz der Stiftung der neuen Gesellschaft zu leben.

Springen wir von da ins Heute. Nur noch wenige Kirchenrechtler wagen hinter vorgehaltener Hand die frühere These von der Kirche als einer „societas perfecta“ zu äußern, einer alles für sie Notwendige umgreifenden Gesellschaft. Im allgemeinen reden wir ganz anders. Die von Päpsten, Bischöfen und Professoren verkündete „christliche“ Soziallehre predigt, im ganzen selbstverständlich erfolglos, die Mächtigen der Weltgesellschaft an, nicht die Christen selbst. Diese sind für so etwas wie Gesellschaft nicht mehr direkt zuständig. Die Kirche ist nur noch ein religiöses Subsystem der allgemeinen Gesellschaft. Sie bietet für Sinnvermittlung und Tröstungsrituale eine Art von offenem Service an und freut sich, wenn möglichst viele ihn in Anspruch nehmen. Der Rest des Lebens der Menschen wird in anderen Subsystemen der Gesellschaft verwaltet und gesteuert und geht die Kirche nichts an. Die Idee, zu unserer Gesellschaft könne es eine Kontrastgesellschaft geben, haben wir uns von Umweltschützern, Grünen und Alternativen entwinden lassen. So gern die Kirche seit dem Konzil vom „Gottesvolk“ redet, sie ist dabei, den Anspruch aufzugeben, ein Volk zu sein.

Nicht alle schlucken das. Es paßt den ganz Konservativen nicht, es paßt offenbar auch nicht ihrem Gegenpol, etwa der Basisgemeindenbewegung und den Befreiungstheologen. Beide Gruppen formulieren ihre Kritik allerdings oft sehr mißverständlich.

Auch an uns, die Enkel der Wandercharismatiker, stellt sich die Frage, wie wir auf die Entwicklung reagieren. Vom Ursprung unserer Berufung her sind wir einem wirklichen Gottesvolk zugeordnet. Gerade in unserer Andersartigkeit sollten wir ihm den Ruf von den neuen und alternativen Prinzipien zurufen, auf denen die Gesellschaft Gottes aufgebaut werden muß.

Vermutlich kam es in der Kirchengeschichte immer dann zur Neubelebung des urchristlichen Wandercharismas, wenn die Kirche anfing, ihren Charakter als Kontrastgesellschaft aufzugeben. So wird, glaube ich, in den kommenden Jahren auch für uns selbst viel davon abhängen, ob wir es ablehnen oder nicht, uns in den Anpassungsprozeß der Kirche an die moderne Gesellschaft hineinziehen zu lassen.

Manche werfen uns ja auch vor, wir gehörten zu seinen Hauptbetreibern. In der Tat werden in einer immer mehr administrierten Kirche gar viele Kräfte gebraucht, etwa im Bildungswesen oder in der sogenannten ordentlichen Seelsorge. Sogar außerhalb des eigentlich Kirchlichen verlangt man immer mehr nach uns, in den Medien, in der Fürsorge, in der Wissenschaft und in der Beratung der Staatsmänner. Und wir geben all dem immer mehr nach und bezeichnen das ganze als Kirchlichkeit oder Weltdienst. Müßten wir nicht doch die Unverwurzelten, Uneingefügten und Umherziehenden sein, die gerade aus ihrer Distanz noch wissen könnten, wie Kirche eigentlich aussehen muß?

Die nun folgenden beiden Überlegungen sind nur sinnvoll unter der Voraussetzung, daß dies alles nicht so weiterläuft und daß wir das Erbe der Wanderapostel zu wahren gewillt sind.

Selbstverständlich war der Dualismus von Wandercharismatikern und ortsansässigen Gemeinden da, wo er in Ordnung war, nicht ein Gegensatz, sondern Zuordnung. Die Gemeinden lebten von der Verkündigung der Wanderer. Die Charismatiker konnten Haus und Äcker, Brüder und Schwestern, Mutter, Vater und Kinder um Jesu und des Evangeliums willen verlassen, weil sie dafür in allen Gemeinden, zu denen sie kamen, hundertfach Häuser und Äcker, Brüder und Schwestern, Mütter und Kinder als die ihren vorfanden. Nur dieses sie umfangende „Volk Gottes" ermöglichte es, daß sie um des Evangeliums willen alles aufgaben.

Auch die Wanderexistenz selbst war keineswegs unabhängig von den stabilen Gemeinden. Zumindest Apostel, das heißt offizieller Missionar, scheint man nur geworden zu sein, wenn man von einer Gemeinde auf den Weg geschickt wurde. Das legt zumindest Apg 13,1–3 nahe, der Bericht von der Aussendung von Barnabas und Paulus durch die Gemeinde in Antiochia. Allerdings begründet Paulus selbst sein Apostelsein einfach in der ihm zuteil gewordenen Erscheinung des Auferstandenen (Gal 1). Aber beides schließt sich wohl gar nicht aus.

Trotzdem erscheint es überraschend, daß im Jesuitenorden das apostolische Wandern gerade an die Sendung durch den Papst gebunden wird. Er ist zweifellos der markanteste Exponent des Systems der stabilen Ortskirchen.

Als Jesus noch lebte, war er das gottgesetzte Zentrum des eschatologischen Israel. Er war nicht ortsansässig. Er zog in Israel umher. Er sammelte andere Menschen als Jünger um sich und nahm sie auf den Weg mit.

Auch in der ersten Generation nach Jesu Tod lag das Schwergewicht der Kirche bei den Wandernden. Petrus und – für den Bereich der von ihm gegründeten Gemeinden – dann auch wieder Paulus waren die Zentren. Beide wanderten. Ob Petrus am Ende in Rom noch so etwas wie ein lokaler Bischof geworden ist, bleibt dunkel. Für Paulus ergibt sich aus den Pastoralbriefen der Eindruck, daß er die von ihm gegründeten Kirchen für die nächste Generation so mit Führungskräften ausstattete, daß sie nicht mehr von einem Wanderapostel abhingen – wie das ihm gegenüber der Fall war. Doch könnte hier auch die Praxis der übernächsten Generation sich spiegeln und Paulus selbst hätte eine solche Stabilisierung seiner Gemeinden vielleicht eher versäumt.

Doch im ganzen wuchs die Zahl der Ortsgemeinden, und in sich selbst wurden sie stabiler und strukturierter. Sicher haben dabei auch die synagogalen Strukturen und Amtsmuster griechischer Religionsvereine Vorbilder abgegeben, doch spricht vieles in den Zeugnissen dafür, daß auch ganz eigene Entwicklungen stattfanden.

Vor allem scheint man doch oft für die lokalen Leitungsaufgaben gerade Männer gewählt zu haben, die das Charisma des Propheten oder des Lehrers besaßen. Und warum nicht auch „Apostel“, die in einem solchen Fall natürlich ihr Wanderleben aufgeben mußten?

Das macht es verständlich, ja sogar sinnvoll, daß sich das Zentrum der Kirche von den geistgetriebenen Wanderern auf die lokalen Autoritätsträger verlagerte und selbst stärker die Gestalt von Autorität annahm.

Diese faktische und bestimmt auch notwendige Entwicklung macht es auch schon in einem gewissen Umfang verständlich, daß der Jesuitenorden, eine nochmals viel spätere Gestalt des Wandercharismatikertums, sich vom Papst, der Spitze der ortsfesten Kirche, in seine Wege und Arbeiten einweisen läßt.

Aber wir müssen noch einmal etwas genauer zusehen. In jüngerer Zeit haben ja die einzelnen Ortskirchen und mit ihnen auch die Ortsbischöfe wieder größere Bedeutung gewonnen – sicher größere als im vergangenen und in diesem Jahrhundert, aber unter mehreren Rücksichten auch größere als im sechzehnten Jahrhundert. Müßte dann nicht folgerichtig die Bindung des Ordens an den Papst in eine Bindung des Ordens an alle Bischöfe verwandelt werden?

Es gibt ja auch Tendenzen, das zu tun – sowohl bei manchen Mitjesuiten als auch bei vielen Bischofskonferenzen. Auch der jetzige Papst scheint von seiner Heimat her solche Gedanken mitzubringen.

Doch gibt es gegen diese Sicht und Entwicklung im Jesuitenorden zugleich eine Abwehrreaktion. Sie scheint nicht einfach konservativer Bewegungsscheu zu entspringen. Viele von uns scheinen es als wirklichen Verlust an der ursprünglichen Sache des Ignatius von Loyola zu empfinden, wenn für unseren Orden das Gewicht vom Papst auf die lokale Hierarchie verschoben wird. Ich glaube, hier wird etwas Richtiges gesehen.

Es gibt einen besonderen Zusammenhang zwischen den Wandercharismatikern und dem Zentrum der Gesamtkirche. Er hat mit Gesichtspunkten wie „Einheit“ und „Universalität“ der Kirche zu tun.

Der frühe Kirchenbegriff, etwa bei Paulus, war zweischichtig. Die örtliche Gemeinde war die wirkliche und volle Gottesversammlung, war die Kirche. Doch zugleich kam der Gesamtheit aller Ortsgemeinden der Titel Gottesversammlung, Kirche, zu. Wieso konnte man ehrlicherweise diesen doppelten Kirchenbegriff gebrauchen? Wie war es möglich, daß die vielen Gemeinden sich nicht wie ein Sternennebel auseinanderbewegten in immer größere gegenseitige Distanz hinein? Wie entstand und blieb zwischen ihnen eine solche Gemeinsamkeit, daß sie zusammen doch nur die eine Kirche waren? Wie kam es, daß sie nicht aufhörten, das gleiche zu glauben, ihre Gnadengaben miteinander auszutauschen, ja überhaupt voneinander zu wissen und sich gegenseitig zu helfen?

Schon zu Beginn unseres Jahrhunderts hat Harnack die Meinung geäußert, daß all dies eigentlich durch das Wandercharismatikertum geleistet wurde. Die Wanderapostel verkündeten an allen Orten, wohin sie kamen, die gleiche Botschaft und Lehre. Sie erzählten, wie es die anderen Gemeinden machten und wie sie mit den gleichen Problemen umgingen. Sie hielten das Bewußtsein von der Universalität und von der Einheit der Gesamtkirche lebendig. Deshalb war es auch normal und nicht etwa ungewöhnlich, daß Petrus, von Jesus her und auf jeden Fall in der ersten Generation das eigentliche Symbol der Gesamtkirche, nicht ein Ortsbischof, sondern ein Wanderer war.

Später ergaben sich andere Wege, die Einheit und Universalität der Kirche zu sichern. Die Kirche von Rom erhielt den Vorrang in der Liebe. Die Ortsbischöfe kamen in Bischofsversammlungen und Konzilien zusammen und faßten gemeinsam Beschlüsse. Schließlich kam es in Rom zu einer ortskirchenübergreifenden Kirchenregierung und Kirchenverwaltung.

Aber all dies stellt schon eine zweite, ja dritte und vierte Gestalt dar für die Sicherung der Universalität und Einheit. Auf einer bestimmten Entwicklungsstufe mußte es wohl zu der jetzt verwirklichten Form kommen. Man wird aber nicht übersehen dürfen, daß sie gewaltige Risiken enthält. Bei sich durchsetzender einheitlicher Administration der Gesamtkirche liegt es so nah, daß sich Verhaltensfiguren und Organisationsmuster durchsetzen, die für die Gesellschaft der Welt, nicht für das Volk Gottes typisch sind.

Sollen im Volk Gottes nicht die Ersten die Diener aller sein? Ist dort der Geist nicht über alle ausgegossen und darf nicht ausgelöscht werden? Müßte nicht jedes kirchliche Handeln der freien Einmütigkeit entspringen, die aber nur in kleinen und überschaubaren Gemeinden zustande kommen kann?

Derartige Fragen müssen hier nicht mit letzter Konsequenz durchdiskutiert werden. Wir können ruhig zumindest eine grundsätzliche Legitimität der jetzigen Gestalt der Einheitssicherung der Gesamtkirche durch von Rom ausgehende Administration annehmen. Aber selbst wenn man das, zumindest für die „römisch-katholische Kirche", tut, muß man fragen, ob diese Art der Zusammenführung des Gottesvolkes nicht einer Ergänzung bedarf, die das Positive früherer kirchlicher Gestalten der Einheitssicherung einbringt.

Muß die Administration nicht notwendig ergänzt werden durch Verkündigung aus der freien Berufung durch den Geist und für die Einheit und Universalität gelebte Existenz? Konkret: Auch wenn der Papst als einheitsstiftender Punkt der Gesamtkirche selbst zugleich die stabile Spitze einer Ortskirche ist – braucht er nicht weiterhin die apostolischen Wanderer, die frei von der Bindung an einen bestimmten Ort und eine bestimmte Gemeinde für alle Gemeinden da sind und gerade im Hinblick auf die

Gesamtkirche und ihre Einheit von ihm frei überallhin gesendet werden können? Und umgekehrt: Müssen diejenigen, deren Charisma von seiner Art her der Glaubensstiftung an allen Orten zugeordnet ist, nicht notwendig eine besondere Beziehung gerade zu dem kirchlichen Amt haben, das gesamtkirchlich und nicht nur ortskirchlich orientiert ist?

Daraus folgt, daß wir unsere Bindung an den Papst nicht einfach in eine Bindung an die Gesamtkirche und die jeweilige Ortskirche uminterpretieren dürfen. Auch wenn es uns mit einem bestimmten Papst schwer wird – er allein bleibt der Punkt, an dem unser besonderes Verhältnis zur Kirche konkret wird. Das folgt also unmittelbar aus unserer wandercharismatischen Berufung.

Wenn sich die Wanderapostel nicht mehr verstanden fühlen

Läßt sich aus den Zeugnissen des kirchlichen Anfangs auch etwas über unsere Zukunft sagen? Läßt sich insbesondere Weisung einholen für den Fall, daß es zwischen der stabilen Ortskirche und neuzeitlichen Gestaltwerdungen des alten Wandercharismas zu Spannungen kommt?

Die Nachrichten über das Wandercharismatikertum der frühen Kirche sind nicht allzu zahlreich. Eigentlich hat erst die Veröffentlichung der nur noch in einer einzigen Handschrift erhaltenen Zwölfapostellehre durch Bryennios, den orthodoxen Erzbischof von Nikomedien, im Jahre 1883 uns Sicherheit darüber gebracht, daß es sich um eine bis tief ins zweite Jahrhundert hinein lebendige Institution der Kirche handelt.

Die Spärlichkeit der Nachrichten ist auch leicht erklärbar. Die Ortskirchen entwickelten sich immer mehr, und die ganze Aufmerksamkeit verlagerte sich auf sie. Die wandercharismatische Tradition dagegen wurde vom zweiten Jahrhundert ab vor allem durch gnostische und häretische Gruppen aufgegriffen und ausgebeutet. So erlosch das Interesse an den ursprünglichen Trägern der christlichen Wortverkündigung und Mission zeitweise fast völlig.

Trotzdem sind wir mit unserer Frage nach Hinweisen auf eine mögliche Zukunft gar nicht so schlecht gestellt. Es gibt eine Textgruppe, in der sich sehr viel vom wandercharismatischen Impuls niedergeschlagen hat: die synoptischen Evangelien, wenn sie von den Jüngern Jesu und von der Jüngerbelehrung durch Jesus erzählen.

Hier ist trotz der Verdrängung der Erinnerung an die Wanderapostel alles Wesentliche erhalten geblieben, weil diese Schriften im zweiten Jahrhundert schon heilig und unberührbar geworden waren. Zwar wurden sie neu gelesen und deshalb in ihrer Brisanz selten durchschaut. Die Jünger Jesu galten, wie im übrigen schon in redaktionellen Deutezusätzen bei Lukas und Matthäus selbst, recht bald als Urbilder aller Christen, oder sie galten als die unmittelbaren Vorläufer der lokalen kirchlichen Amtsträger. Doch das war darübergelegte Deutung, und vom unveränderten Text her konnte später dann immer wieder der ursprüngliche Sinn verstanden werden, wenn in der Begegnung mit den Texten neue wandercharismatische Bewegungen in der Kirche entstanden.

Bei Ignatius von Loyola ist der Bezug gerade zu den synoptischen Evangelien mit Händen zu greifen. Das gilt vor allem auch vom Exerzitienbuch, durch das wir uns ja in unser Charisma einweisen lassen. Zwar wird dort dem synoptischen Stoff durch die hermeneutischen Betrachtungen vom Ruf des Königs und von den zwei Bannern ein sachfremdes militärisches Deutungsmuster hinzugefügt. Aber dieses läßt sich übersetzen und mußte auch an anderen Stellen des Neuen Testaments, weil es vom Alten Testament her ebenfalls vorhanden war, schon übersetzt werden. Im ganzen wird der Exerzitant in den Geistlichen Übungen doch einfach in die ursprüngliche Jüngersituation hineingestellt. Unverhüllt tritt die Frage an ihn heran, ob er bereit ist und sich berufen weiß, alles zu verlassen, mit Jesus zu wandern und ihm bis zum Tod am Kreuz nachzufolgen. Daher können wir an den synoptischen Evangelien die deutlichsten Weisungen für unsere Zukunft ablesen.

Unsere Lage dem Papst gegenüber entspricht der Lage der Jünger gegenüber Jesus nicht in allem, aber teilweise. Jesus hat die Jünger berufen und gesendet. Der Papst hat uns nicht berufen, aber er sendet uns. Er sendet uns mit Recht, weil er eine besondere Verantwortung für das über die ganze Erde zerstreute Volk Gottes hat, die auch nicht durch Regieren und Administrieren allein einlösbar ist, und wir bieten uns ihm aufgrund des Rufs, der von Gott her an unseren Vater Ignatius, an die ganze „Gesellschaft Jesu“ und an jeden einzelnen in ihr ergangen ist, zu solcher Aussendung an.

Darin, ein solches Angebot zu übersehen oder zu benützen, ist er sicher nicht frei. Sein ihm gegebenes Amt erlaubt ihm nicht, etwas zu verspielen, was Gott ihm in der geistgewirkten Geschichte der Kirche zugespielt hat. Aber auch als Träger eines solchen Amts bleibt er ein freier Mensch. So kann er auch wieder zu nichts gezwungen werden. Es liegt an ihm, ob und wie er zugreift, wenn ihm ein Angebot gemacht wird.

Doch das ist noch zu abstrakt gesagt. Das Verhältnis

des Ordens zum Papst ist personal und dialogisch, so sehr es zugleich Rechtscharakter hat. So gibt es die weitere Frage, mit welcher Dringlichkeit wir uns dem Papst zur „Sendung“ anbieten. Oder sogar: ob wir ihn herausfordern.

Damit meine ich nicht, der Orden oder einzelne Jesuiten müßten dem Papst erst einmal die richtige missionarische Strategie beibringen. Erst recht nicht, wir oder der Einzelne aus uns müßte ihm klarmachen, wen er wohin senden solle. So etwas geht meistens schief. Es ging schon schief, als die Zebedäussöhne Jesus drängten, Feuer und Schwefel auf eine Stadt herabregnen zu lassen. Und es ging schief bei unserem frühen Mitbruder Nikolaus Bobadilla und allen seinen Nachfolgern bis heute.

Den Papst herausfordern – das bedeutet etwas anderes. Im Reich Gottes fordert nämlich nur eines heraus und bewirkt die „Eifersucht“ im Glauben: der Glanz des gelebten Evangeliums. Er allein öffnet dem Gegenüber die Schleusen seiner apostolischen Fantasie. Der Papst kann in dem Maße gereizt werden, uns im eigentlich gemeinten Sinn zu „senden“, in dem er in uns die Wirklichkeit des Jüngerkreises Jesu erblicken kann.

Das führt uns auf das Thema „Jüngerkreis“. Wanderapostolat bedeutet nicht Vereinzelung. Jesus zog mit seinen Jüngern zusammen durch das Land. Selbst wenn er sie für die Mission aufteilte, schickte er sie paarweise vor sich her durch die Dörfer.

Heinz Schürmann hat schon vor zwanzig Jahren einen Aufsatz geschrieben über den „Jüngerkreis Jesu als Zeichen für Israel (und als Urbild des christlichen Rätestandes)“. Seine Hauptthese, die er im Titel eingeklammert hat, halte ich nicht für richtig. Denn der sogenannte Rätestand ist eine spätere Theoretisierung und Rechtsfestlegung, die verschiedene neutestamentliche Sachverhalte, nicht nur den Jüngerkreis, zusammenzufassen versucht und auch Lebensgestalten in der Kirche umschließen will, die man nicht so direkt wie unsere „Gesellschaft Jesu“ auf den Jüngerkreis zurückführen kann. So wird man im benediktinischen Kloster viel eher eine Ortsgemeinde sehen dürfen, deren neutestamentlicher Hintergrund die Urgemeinde von Jerusalem in der Apostelgeschichte ist, wenn auch dann mit besonderem Glanz versehen durch den vollen Besitzverzicht aller und das allen gewährten Charisma der Ehelosigkeit um des Himmelreiches willen. Durch die volle Parallelisierung von Jüngerkreis und Rätestand wird Schürmann weder dem Besonderen des Jüngerkreises Jesu noch dem eigentlichen Anliegen der Idee vom christlichen Rätestand gerecht. Trotzdem ist dieser Aufsatz sehr hilfreich. Er hat das große Verdienst, unter Voraussetzung moderner wissenschaftlicher Exegese den Jüngerkreis Jesu als eine Lebensgemeinschaft nachgewiesen zu haben. Die hierfür wichtigen Texte aus den Evangelien sind gut zusammengestellt.

Die gleichen revolutionären Prinzipien, die in den Dörfern und Städten Israels die neue Gesellschaft des eschatologischen Gottesvolkes prägen sollen, werden von Jesus und seinen mitwandernden Jüngern unter den besonderen Voraussetzungen der Heimatlosigkeit, Familienlosigkeit, Besitzlosigkeit und Schutzlosigkeit auf nochmals eigene Weise gemeinsam gelebt. Es gibt auch so etwas wie „Regeln“ für diese messianische Modellgruppe, etwa die Antworten Jesu, die er dann gab, wenn die Jünger sich stritten, wer unter ihnen der erste sei.

Man kann daher die urchristlichen Wandercharismatiker nicht als die Normalrepräsentanten der messianischen Gesellschaft bezeichnen. Eher waren sie ihre Außenseiter.

Doch als solche lebten sie auch wieder in der Weise, wie sie miteinander umgingen, von den Bedingungen ihrer Sondersituation her besonders deutlich die Prinzipien der neuen Gesellschaft Gottes, zeigten besonders deutlich die Aufhebung der Merkmale der Gesellschaft der alten Welt auf. Deshalb allein war auch ihr Verkündigungswort wirksam und wurde von Zeichen begleitet. Es war doppelt durch Leben gedeckt: Durch den Verzicht auf die in Besitz, Familie und Heimat eingebettete menschliche Normalexistenz und durch die radikale Annahme der Gottesherrschaft in der Brüderschaft der eigenen Gruppen.

Wenn wir in dieses Charisma eintreten wollen, können wir nicht darauf verzichten, ebenfalls „Jüngerkreis“ zu sein. Gott sei Dank tritt heute die Vorstellung vom Jesuiten als dem apostolischen „Einzelkämpfer“ bei uns und bei den anderen Christen immer mehr in den Hintergrund. Doch hat das Wort „apostolische Kommunität“ unter uns bei weitem noch nicht den Klang, den es verdiente.

Erst wenn wir Gottes Angebot an uns, heute mögliche Verwirklichung des Jüngerkreises Jesu zu sein, voll ergreifen und wenn das, was dann möglich ist, auch für die seßhafte Kirche sichtbar wird, können wir im Sinne des Evangeliums für den Papst eine „Herausforderung“ darstellen. Erst im Hinblick auf eine solche in uns sichtbar werdende reichere Wirklichkeit läßt sich auch sinnvoll über die weitere Frage nachdenken: Wie, wenn die Wanderapostel sich nicht mehr verstanden fühlen, ja wenn es zu Konflikten zwischen den Wandercharismatikern und den Ortskirchen und ihren hierarchischen Spitzen kommt?

In der Kirche Gottes müssen Konflikte anders ausgetragen werden als in den Gesellschaften der Welt. In Gottes Gemeinde kann man die volle Wahrheit übereinander ertragen. Es gibt dort nichts, was nicht verziehen werden könnte. Jeder denkt vom andern und dessen Chancen, nicht von sich und den eigenen Rechten her. Wenn wir wirklich Jüngerkreis sind, dann prägt uns solches im eigenen Umgang miteinander, und allein dann sollten wir fähig sein, auch in schwierigen Situationen mit den Gemeinden Gottes und ihren Leitern richtig zu verkehren.

Und selbst Gemeinden, die wieder in die Muster der alten Gesellschaft zurückgesunken sind, selbst Bischöfe und Päpste, die das nicht mehr leben, was sie verkünden, und die Kirche beherrschen, als wäre sie ein Staat oder ein Industriekomplex, haben nur eine einzige wirkliche Chance: Daß es in denen, mit denen sie zu tun haben und vielleicht auch in Streit geraten, anders aussieht; daß ein ihnen begegnender „Jüngerkreis" sie an das erinnert, was sie ja auch einmal wollten, und daß er sie so von neuem herausfordert.

Wenn der Papst uns nicht zu brauchen scheint oder wenn er zwar einzelne von uns braucht, sie aber dann der Wanderexistenz entzieht und als Bischöfe in die Ortskirche vermauert, dann müssen wir uns fragen, ob wir denn brauchbar sind, ob wir ihn denn als im Glanz des Evangeliums strahlender Jüngerkreis Jesu dazu reizen, uns auf die sachgemäße Weise zum Werk der Verkündigung zu senden.

Es kommt alles darauf an, daß wir der Frage nach unserem besonderen Verhältnis zu Ortskirche und Papst erlauben, derart zu uns zurückzukehren und zu einer Frage an uns selbst zu werden. Und das muß bleibend so sein als nie verstummender Anruf zur eigenen Umkehr. Nur innerhalb dieser bleibenden Anfrage an uns selbst darf dann auch ein unterscheidender Blick auf den Partner in diesem besonderen Verhältnis getan werden. Auch dieser Blick kann sich allerdings von jeder Illusion dispensieren. Die Evangelien führen uns auch hier zu einer geradezu bestürzenden Wahrhaftigkeit.

Wenn nämlich während des Lebens Jesu von der Idee einer Kirchengründung deshalb keine Rede sein konnte, weil es die Jesus zugeordnete Kirche in der damals angemessenen Gestalt, als Gottesvolk Israel, längst gab, dann ist ja in den evangelischen Erzählungen und den dort aufgezeichneten Jesusworten eine erschreckende Möglichkeit vorentworfen. Es ist die Möglichkeit, daß die christliche Kirche und ihre Leiter auf ihre Wandercharismatiker nicht hören wollen, daß sie ihnen lästig sind, daß sie sie ausstoßen und verfolgen.

Denn Jesus und seine Jünger wurden durch das damalige Israel abgelehnt, verfolgt, ja getötet. Die Autoritäten, die Jesus hinrichten ließen und später auch seine Jünger einkerkerten, auspeitschten, aus Jerusalem vertrieben und töteten, waren die Hierarchen der Kirche von damals, deren alten Glanz zu erneuern Jesus und die Jünger durchs Land wanderten. Selbst wenn wir als Unterschied zu damals einsetzen, daß die dann von Jesus her lebende Kirche durch den ihr ständig gegebenen Geist nie ganz aus der Wahrheit und der Treue herausfallen wird und die Pforten der Unterwelt sie nie verschlingen werden, sagt das nichts über die Möglichkeiten des Abfalls noch innerhalb dieser Verheißung.

Das kann es also geben: daß die Kirche die, die ihr das Leben vermitteln sollten, hindert, ja tötet. Unser Orden hat eine Geschichte hinter sich, in der die Hierarchie der Kirche ihn schon einmal ausgelöscht hat, und dabei hat es großes Leid und auch Tote gegeben. Wir müssen vom Evangelium her solchem als einer inneren Möglichkeit unseres besonderen Verhältnisses zur Kirche ins Auge blicken.

Dann kann man auch im Evangelium Weisung empfangen, wie man sich verhalten soll. Sie findet sich zum Beispiel in der Bergpredigt. Diese fordert dazu auf, keinen Widerstand zu leisten und die „Feinde" zu lieben und für sie zu beten.

Wir kennen diese Weisung natürlich. Aber durch eingeschliffene Verstehensgewohnheit hören wir eine allgemeingültige Maxime heraus, die für uns ortlos und irreal ist. Doch hat die exegetische Analyse gerade in neuerer Zeit gezeigt, daß zwar jeder mögliche „Feind" gemeint sein kann, doch vor allem der persönliche Gegenspieler innerhalb der eigenen Lebenswelt ins Auge gefaßt ist. Eher also der Feind „in Israel" als der „Feind Israels". Jesus selbst hat seine Weisung zum Widerstandsverzicht und zur Feindesliebe gelebt gegenüber den Autoritäten Israels, also „seiner" Kirche.

In unserem Falle würde Widerstandsverzicht bedeuten, daß wir den Gehorsam gegenüber der jeweiligen Sendung, die Zusammenarbeit und auch die Treue im Mitdenken und öffentlichen Eintreten für die Kirche durchhalten. Feindesliebe bedeutet darüber hinaus, alles überhaupt in den eigenen Kräften Stehende zu tun, um aus dem zum Verfolger gewordenen Bruder wieder einen wirklichen Bruder zu machen. Feindesliebe kann ihrer Absicht nach immer nur eine unvollkommene Vorstufe der Bruderliebe sein. Denn volle Liebe ist gegenseitig. Feindesliebe ist das alle Mittel einsetzende einseitige Bemühen um die Herbeiführung der Gegenseitigkeit. Deshalb ist die Feindesliebe – und das steht keineswegs im Gegensatz zum Widerstandsverzicht – durchaus Belästigung und Beunruhigung des Bruders, den man gewinnen möchte. Er soll ja aus einer falschen Haltung herausgeholt werden. Dazu muß die Wahrheit aufgedeckt werden. Jesus führt das exemplarisch vor in der Rede gegen die Schriftgelehrten und Pharisäer: Ihr Heuchler, ihr Söhne von Prophetenmördern! Unter Umständen muß dem Bruder auch das Gericht angedroht werden: Sodom wird es an jenem Tag nicht so schlimm ergehen wie dieser Stadt! Das Gebet für Verfolger ist selbstverständlich Bitte um ihre Bekehrung.

Wir dürfen diese Möglichkeit des Lebens, in das wir berufen wurden, nicht verdrängen.

Ignatius von Loyola hat die wirkliche mystische Sicherheit über den Weg, den er und seine Gefährten eingeschlagen hatten, offenbar erst in der Vision von La Storta empfangen, wo Gott ihn seinem kreuztragenden Sohn zugesellte und sagte: „Ich werde in Rom mit euch sein." Damals war zwar das von den Gefährten gelobte Jahr des Wartens auf ein Schiff, das sie ins Heilige Land bringen würde, noch nicht abgelaufen. Aber wegen des Türkenkrieges war schon ziemlich sicher, daß sie kein Schiff finden würden und infolgedessen die Alternative ihres Gelübdes in Kraft treten würde: In kurzer Zeit würden sie sich dem Papst zur Verfügung stellen. Ein Grund, den wir nicht kennen, hatte Ignatius mit zwei Gefährten sogar schon vorzeitig auf den Weg nach Rom gebracht, und sie konnten, nun kurz vor Rom angekommen, wohl kaum an anderes denken als an ihr Gelübde. Doch wie Ignatius seine innere Erfahrung, vom Vater dem Sohne zugesellt zu sein, konkret deutete, dürften die Worte zeigen, die er nach der Biographie des Ribadeneira unmittelbar nach der Vision zu seinen beiden Gefährten sprach: „Meine Brüder, ich weiß es nicht, wie Gott über uns verfügen wird: ob er will, daß wir am Kreuz sterben oder zerstükkelt auf einem Rad oder auf eine andere Weise; aber was auch immer sich ereignen wird, wir werden Jesus Christus haben als einen, der uns zugewandt ist" (Vida del padre Ignacio de Loyola II, 11). In der Tat hatte Ignatius gerade erst einen Inquisitionsprozeß in Venedig hinter sich, und ein neuer in Rom stand in wenigen Monaten bevor, noch ehe es den Gefährten möglich sein sollte, sich faktisch dem Papst zur Verfügung zu stellen. Ignatius hat immer in seinem Leben mit Verfolgung durch die Kirche gerechnet, und er hat sie auch genügend zu verkosten bekommen.

Ich möchte hinzufügen, daß ich die Schwierigkeiten, die es in diesen Jahren zwischen dem Papst und unserem Orden gibt, nicht in diesen Zusammenhängen einordnen würde. Eher wären einige Spannungen geringeren Ausmaßes zu nennen, vor allem in der dritten Welt. Im übrigen müssen wir uns eher fragen, ob wir nicht deshalb auch in der Kirche so sehr im Frieden leben, weil unser Charisma so blaß und saftlos geworden ist.

Und damit fallen wir, nachdem durchaus nicht verschwiegen worden ist, was vom Evangelium her mitdurchgedacht werden muß, zurück auf die Notwendigkeit der eigenen Besinnung und Bekehrung. Das muß stets das Erste und Umfassende sein.

Wenn schon Gregor der Große klagte, daß er vor lauter Administration die Verkündigung des Wortes Gottes vernachlässigen müsse – was gilt dann erst von den Päpsten und Bischöfen unserer Zeit, die einen so umfangreichen Apparat verwalten müssen. Wer hätte es nötiger als sie, daß sich ihnen Menschen anbieten, die die andere, nicht ortsgebundene, nicht organisatorische und administrative Seite der Kirche darstellen, ohne die die Kirche als ganze gar nicht leben kann? Es ist doch die Seite, auf der auch

Jesus und seine Apostel im Ganzen des damaligen Gottesvolkes standen.

Wenn unser jetziger Papst, wie man ihm vorwirft, die vatikanische Büroarbeit vernachlässigt und den paradoxen Versuch macht, die Kirche „vom Papst-Mobil aus" zu regieren (FAZ vom 16. April 1981) – ist das nicht vielleicht ein sich selbst nicht ganz begreifendes Neuaufleben der alten wandercharismatischen Unruhe seines Vorgängers Simon Petrus? So brauchen wir keine Angst zu haben, daß es in der Kirche keinen Sinn mehr für das alte Wanderapostolat gebe. Sie braucht es, und der Geist schafft es in ihr immer neu.

Nachweise

Die unerfüllten Prophezeiungen (Seite 11–25)

Die unerfüllten Prophezeiungen. Von den Hoffnungen des Alten Testaments und ihrer Geltung für die Christen. In: Orientierung. Katholische Blätter für weltanschauliche Information (Zürich) 45 (1981) 255–258.

Der Wille Gottes (Seite 26–63)

Unveröffentlicht.

Die richtige Gesellschaft (Seite 64–90)

Unveröffentlicht.

Die davidische Versuchung (Seite 91–111)

Die davidische Versuchung der Kirche. Zur Vereinnahmung des Alten Testaments für staatskirchliche und sakralstaatliche Leitbilder. In: Orientierung. Katholische Blätter für weltanschauliche Information (Zürich) 42 (1978) 80–84.

Der Weg aus der Gewalt (Seite 112–135)

Unveröffentlicht.

Die Priester und die Gerechtigkeit (Seite 136–157)

Der Priester und die Gerechtigkeit in der Welt. In: Geist und Leben 54 (1981) 323–337.

Die Enkel der Wanderapostel (Seite 158–186)

Die Enkel der Wanderapostel in einer administrierten Kirche. In: „Sentire cum ecclesia". Das besondere Verhältnis der Gesellschaft Jesu zu Papst und Kirche. Ordensinterner Privatdruck (1981).

Norbert Lohfink

Das Jüdische am Christentum

Die verlorene Dimension

„... Dieses Buch sollte man gründlich lesen. Es ringt um eine andere christliche Praxis, die Christsein nicht auf Innerlichkeit und Jenseitshoffnung reduziert.“

Die Presse, Wien

272 Seiten, kartoniert. ISBN 3-451-20994-2

Norbert Lohfink

Hinter den Dingen ein Gott

Meditationen

„Man muß dem Autor bescheinigen, daß es ihm in diesem Buch gelungen ist, eine Verbindung aufzuzeigen zwischen dem realen, oft beschwerlichen Leben in dieser Zeit und dem Glauben an einen überall anwesenden Gott. Die Lektüre läßt etwas spüren von der Freude an Gott – die gerade heute nottut.“ *Ordenskorrespondenz*

3. Auflage. 120 Seiten, kartoniert. ISBN 3-451-18226-2

Verlag Herder Freiburg · Basel · Wien

Gerhard Lohfink

Wem gilt die Bergpredigt?

An der Bergpredigt scheiden sich nach wie vor die Geister. Für die einen verlangt sie politische Aktivitäten, für die anderen gilt sie nur im privaten Bereich. Gerhard Lohfink zeigt einen „dritten" Weg, der diese beiden Sichtweisen weit übersteigt und doch in ihre Wahrheit bringt. Er gibt Antwort auf eine Frage, an der sich die Glaubwürdigkeit des Christentums entscheidet.

240 Seiten, kartoniert. ISBN 3-451-20165-8

Gerhard Lohfink

Wie hat Jesus Gemeinde gewollt?

„Mit seinem gut lesbaren, an Belegen reich ausgestatteten Buch belebt der Tübinger Theologe die Diskussion um die Reform der Gemeinden, um das richtige Verständnis dessen, was ‚Mission' bedeuten kann, nicht zuletzt um die politische Verantwortung der Gemeinden. Seine Argumente verdienen Beachtung." *Publik-Forum*

7. Auflage. 224 Seiten, kartoniert. ISBN 3-451-19606-9

Verlag Herder Freiburg · Basel · Wien